Katrin Michel

Rauhnächte

Deine Jahresreise zu dir selbst

Wie du die Kraft der 12 magischen Nächte das ganze Jahr nutzt und dir das Leben schenkst, von dem du träumst.
Inklusive Meditation für jede Rauhnacht.

Impressum

Bibliografische Information der Deutschen Nationalbibliothek
Die Deutsche Nationalbibliothek verzeichnet diese Publikation in der Deutschen Nationalbibliografie; detaillierte bibliografische Daten sind im Internet über http://dnb.dnb.de abrufbar.

Katrin Michel
Tornberg 14
22337 Hamburg, Deutschland

Covergestaltung: Marie-Katharina Becker (Wolkenart Media Design)
Layout & Satz: Norda Tebbe (norda.tebbe@web.de & norda.my.canva.site/internetseite-norda)
Lektorat: Sabine Henschel
Korrektorat: Juliane Thiere
Text: Katrin Michel
Bildnachweise: canva.com

ISBN Taschenbuch: 978-3-9826632-0-3
SBN Hardcover: 978-3-9826632-1-0
ISBN E-Book: 978-3-9826632-2-7

Herausgeber: kamija-Verlag/Imprint – 1. Auflage
Druck: Amazon, Leipzig
Website & Kontakt: www.kamija.de & kamija.pregna@gmail.com

Inhaltsverzeichnis

Dein Buch –

dein Jahresbegleiter

Du wunderbare Menschenseele,

wie schön, dass du hier bist und mir dein Vertrauen schenkst, dich mit mir auf die Rauhnächte vorzubereiten und gemeinsam durch diese kraftvolle Zeit des Übergangs zu schreiten, sowie ein Jahr nach den Visionen, Wünschen und Träumen der Rauhnächte zu leben.
Ich bin mir sicher: Es wird magisch werden!

Ich praktiziere die Rauhnächte seit über 10 Jahren und sie sind mein Wegweiser geworden. Es steckt so unglaublich viel Potenzial in diesen zwölf Nächten und ich blicke dank ihnen auf eine Reise zurück, die mich näher zu mir selbst geführt hat. Genau deshalb möchte ich mein gesammeltes Wissen an dich weitergeben, denn ich glaube daran, dass auch du deinen Herzensweg findest.

Bevor es detailliert mit den einzelnen Raunächten und den Monaten des kommenden Jahres losgeht, findest du am Anfang einige wichtige Informationen vorab, die vielleicht für dich nützlich sein können: eine Art Anleitung für dieses Buch, damit du das Maximale für dich aus den zahlreichen Seiten ziehen kannst.

Ich freue mich auch immer sehr, direkt mit dir in Kontakt zu sein. Wenn du magst, schreib mir gerne deine Erfahrungen oder teile sie mit mir auf Instagram. Du findest mich unter @katrin_michel_. Hier kannst du ebenfalls nach weiteren Inspirationen stöbern.

Nun wünsche ich dir viel Spaß auf deiner Reise, kindliche Neugierde, großzügige Offenheit, Sanftheit und eine gehörige Portion Respekt vor dir selbst!

Herzlichst
Deine Katrin

P.S. Die Wertschätzung von dir und deine Sterne helfen mir und anderen, dieses Buch noch bekannter zu machen. Über deine Rezension bei Amazon freue ich mich deshalb riesig!

Dein Buch - dein Jahresbegleiter

Dieses Buch lebt von dir und mit dir

Es ist ein Begleiter und kann dich durch die magischen Rauhnächte zwischen den Jahren führen. Doch es ist noch so viel mehr. Denn es soll genauso im neuen Jahr an deiner Seite sein – wie eine gute Freundin, die dich an deine Stärken erinnert und dich in den Arm nimmt, wenn die Wogen der stürmischen See über dir zusammenschlagen. Dieses Buch hält gute Worte für dich parat, ganz viel Sanftmut und Weichheit. Es erinnert dich ohne Druck an dein Licht. Denn du leuchtest und bist eine wunderbare, perfekte Seele, die es verdient hat, das Leben zu leben, das sie sich wünscht. Gehe also auf eine Reise, eine Reise zu dir selbst. Betrachte deine Welt mit glänzenden Kinderaugen voller Neugierde und Offenheit und gehe mutig los. Dann kannst du Zufriedenheit, Glück, Leichtigkeit und Lebensfreude in dir finden. Denn alles ist bereits da, was es dafür braucht, und du wirst Rauhnacht für Rauhnacht und Monat für Monat wachsen, dein volles Potenzial erkennen und danach leben. Jede Rauhnacht und jeder neue Monat birgt unglaubliche Möglichkeiten. Mit Fokus wirst du deine Motivation erkennen, ein positives Mindset etablieren und dein innerer Antrieb wird dich das umsetzen lassen, was du dir schon so lange für dich wünscht. Das Abenteuer Leben wartet bereits sehnsüchtig auf dich!

„Die Visionen, Wünsche und Träume, die sich dir in den Rauhnächten zeigen, haben die Kraft, das kommende Jahr maßgeblich zu gestalten und dich näher zu dir selbst zu bringen."

Was sind die Rauhnächte?

Zwischen alten Traditionen und Moderne

Der Ursprung der „zwölf heiligen Nächte" liegt in der vorchristlichen Zeit. Das Wort „Rauhnächte" leitet sich von „rauch" ab, was früher so viel bedeutete wie behaart oder pelzig.

Das Mondjahr und das Kalenderjahr unterscheiden sich in ihrer Länge: Erstgenanntes umfasst 354, letztgenanntes dauert hingegen 365 Tage und demnach elf oder vielmehr zwölf Nächte länger. In dieser Periode, so der Glaube, können Dämonen, Geister und auch die Toten Zugang zur Welt der Lebenden haben und böse Mächte wirken. Genau in dieser Zeit werden die Rauhnächte traditionell begangen, um sich vor Unheil zu schützen.

Heute wird eine alte Tradition wiederentdeckt und zeitgemäß gedacht. Dabei wird auf ursprüngliche Bräuche zurückgegriffen, aber auch modernes kommt dazu. Innere Einkehr und ein bewusstes Erleben dieser Zeit laden dazu ein, das vergangene Jahr zu verabschieden und das Neue zu begrüßen. So kann jeder Tag der zwölf Nächte einem Monat des Folgejahres gewidmet werden.

Dabei kann sich jede:r für die eigene Rauhnachtzeit das individuell Passende heraussuchen. Ob Meditation, Journalen, Kreativität, Yoga, Affirmationen, Orakeln oder Räuchern, es gibt viele Angebote, denen man neugierig und mit offenem Herzen begegnen kann, um die zwölf Nächte zu ganz besonderen und bereichernden werden zu lassen.

Warum heute noch Rituale?

Bei immer mehr Menschen rücken Rituale wieder ins Blickfeld. Was lange Zeit verborgen war, wird so für viele erneut zugänglich. Rituale stellen eine wunderbare Möglichkeit dar, mit sich selbst in Kontakt zu treten und tiefe Verbindung zu spüren. Gleichzeitig erinnern sie an die vorgegebenen Rhythmen der Natur und man erhält Zugang zu längst Vergessenem. Durch Rituale kann innere Einkehr erlebt werden. Unbewusste Prozesse werden sichtbar und gelangen an die Oberfläche. So kann ein bewusstes Auseinandersetzen initiiert werden. Rituale können genutzt werden, um Botschaften zu erhalten, Entwicklungsprozesse anzustoßen, Impulsen nachzugehen und ins Spüren zu kommen. Ein Raum entsteht, der gerade in dieser schnelllebigen Zeit für jede:n Einzelne:n so wichtig sein kann. In diesem Buch findest du viele Rituale, die dich durch die Rauhnächte und durch das folgende Jahr begleiten können. Es gibt nichts zu beweisen und du musst nichts leisten. Ferner ist es nicht nötig, dass du alles machst, was in den kommenden Seiten vorgeschlagen wird, wenn du es nicht wirklich fühlst. Erlaube dir die Freiheit, selbstbestimmt für dich zu entscheiden. Du wählst selbst, was dir guttut und was du ausprobieren möchtest.

Wie du Magie der Rauhnächte im Jahresverlauf nutzt

Zwölf Tage und Nächte auf das ganze Jahr ausdehnen - Wie soll das denn funktionieren? In den 12 Rauhnächten geht es um Träume, Wünsche und Visionen; sich von Altem und Belastendem zu trennen und Neues zu wagen; mehr zu sich selbst und der eigenen Identität zu finden und bei sich anzukommen. Endlich kann man das Leben leben, von dem man schon immer geträumt hat. 12 Nächte zu erleben, die in der Stille und im Rückzug genau das herausarbeiten, ist wunderbar. Aber diese Erkenntnisse zu nehmen, um das eigene Leben zu verändern, braucht Zeit – mindestens ein Jahr. Im Trubel des Alltags das eigentliche Ziel nicht aus den Augen zu verlieren, ist eine Herausforderung und braucht Fokus und auch Durchhaltevermögen. Aber am Ende wird es sich auszahlen und dich mit einem glücklichen und erfüllten Leben belohnen. Deshalb hast du in diesem Buch nicht nur die zwölf Rauhnächte, sondern es ist auch dein Wegbegleiter durch die kommenden zwölf Monate. Mit Aufgaben, die Verbindlichkeit schaffen, Meditation, Ritualen, Kreativität, inspirierenden Fragen und Affirmationen kannst du dich jeden Monat neu ausrichten. Gehe Woche für Woche, Schritt für Schritt auf deinem Weg ins Glück.

Finde dein Warum

Am Anfang ist es wichtig, dass du dir über dein Warum bewusst wirst. Nur wenn du das klar und stark für dich selbst formuliert hast, kannst du auch die Täler auf deinem Weg durchwandern. Damit hast du das nötige Durchhaltevermögen, um auf deinem Berggipfel anzukommen. Sei dir darüber klar, dass auf deinem Weg immer wieder Widerstände auftauchen werden, denn das bestehende System möchte erhalten bleiben. Es hat kein Interesse daran, verändert zu werden. So ist es vollkommen normal, dass du von deinem Weg auch mal abschweifst, deine Routinen schleifen und dich vom turbulenten Alltag und den ganz, ganz wichtigen To-Dos ablenken lässt. Sei sanft zu dir selbst, nimm das genauso wahr und begrüße es als einen Teil deines Prozesses. Jeder neue Monat, jeder neue Tag birgt das Potenzial, etwas Großes zu bewirken. Nimm deine Chancen und gehe immer wieder aufs Neue los. Schaue hierbei, dass du dir Etappenziele einteilst, anstatt den Gipfel gleich ganz besteigen zu wollen. Kleine Ziele können oft erfolgreich gemeistert werden und bilden am Schluss ein großes Ganzes.

Frage dich auch einmal: Hörst du auf deine Zukunftsaussichten und dein Ziel oder auf deine Bedenken, Ängste und Zweifel? Gib nicht auf, sondern gehe Schritt für Schritt durch deine Rauhnächte und dein Jahr. Sei ehrlich zu dir selbst. Wenn du bereits das Leben hättest, dass du dir immer für dich gewünscht hast, dann hättest du keine Visionen mehr. Frag dich deshalb, in welchen Bereichen du dich in deinem Leben selbst anlügst. Dabei hilft dir die monatliche Reflexion, bei der du ehrlich Rückschau hältst und deinen Erfolg sichtbar machen kannst.

Überprüfe deine Erwartungshaltung.
Habe Spaß am Prozess.
Feiere deine kleinen Erfolge und habe Geduld.
Lege deinen Perfektionismus ab.
Erlaube dir Fehler und sei sanft zu dir selbst.

Formuliere hier und heute dein Ziel, dein Warum. Beschreibe es so detailliert wie nur möglich. Visualisiere und male dein Bild. Kreiere damit deine Version von einem Leben, das du führen möchtest. Fühle dein Warum! Notiere dir deine Etappenziele und auch deinen Berggipfel. Dann bildest du daraus einen prägnanten Satz, den du dir immer wieder vor Augen führen kannst. Schreibe ihn dir groß auf, sodass du ihn präsent in deinem Leben immer wieder siehst. Mach dir so symbolisch einen Knoten ins Taschentuch.

Gute Planung, gute Umsetzung: Etabliere Routinen

Es ist hilfreich, wenn du dir vor dem Beginn der Rauhnächte eine Zeit überlegst, zu der du ausreichend Ruhe für dich und deine Rauhnacht-Praxis hast. Gerade, wenn du noch nicht so routiniert bist, kann dir ein festes Zeitfenster helfen, diese magischen Nächte komplett und gänzlich zu erleben. Gleiches kannst du auf die nächsten 12 Monate übertragen. Denn einmal eine Routine entwickelt, darf sie beibehalten werden und hilft dir, mit Fokus dabei zu bleiben.

Welche Tageszeit ist für dich geeignet?
Wie viel Zeit hast du zur Verfügung?
Hast du einen festen Ort, an dem du deine Routine durchführen kannst?

Nimm dich wichtig und sei verbindlich damit. Stell dir vor, du machst ein Date mit dir aus, das du nicht absagen kannst, denn das würdest du auch nicht mit einem geschäftlichen Termin tun, oder? So gibst du dir selbst das Versprechen, diese zwölf Tage zwischen den Jahren und die kommenden Monate achtsam zu begehen.

Dein Platz nur für dich

Notiere dir hier deine Ideen für deine Routine.

Dran bleiben lohnt sich. Immer!

Wer kennt es nicht? Am Anfang stehen da die vielen guten Vorsätze. Doch das Jahr ist immer noch ganz frisch und man hat die sich vorgenommenen Routinen schon wieder schleifen lassen oder ganz damit aufgehört. Doch bei den Rauhnächten geht es um deine Träume und Visionen! Und genau deshalb wird es dieses Mal anders sein! Um mehr Verbindlichkeit zu schaffen und wirklich dranzubleiben, hilft dir dein Warum. Aber du kannst noch mehr tun, um im Jahresverlauf deine Rauhnacht-Vision nicht aus den Augen zu verlieren.

- Nimm an den monatlichen Circlen teil. Diese dauern 30 Minuten und du kannst dich auf den kommenden Monat ausrichten und deine Intention setzen. Scanne den QR-Code (links) oder gehe auf www.kamija.de. Nutze bei der Buchung den Rabattcode CIRCLE10. So sparst du 10 %.
- Suche dir eine Weggefährtin oder einen Weggefährten. Gemeinsam könnt ihr so viel mehr erreichen und seid nicht nur in eurem stillen Kämmerlein alleine mit euren Gedanken. Gegenseitig könnt ihr euch an eure Routinen erinnern und euch immer wieder wertvoll austauschen.
- Komm in den WhatsApp-Channel und erhalte wöchentlich einen Reminder, der dir hilft, wirklich dran zu bleiben. Folge dafür dem QR-Code (rechts) und denk daran, die Glocke zu aktivieren.

Monats-Magie
Circle

WhatsApp-Channel
Communigy

- Komm in den Online-Circle und bastele mit mir und anderen dein Vision Board. Alle Infos dazu findest du auf www.kamija.de/rauhnächte.circle. Platziere dein Board dann regelmäßig an einer anderen Stelle. So erhöhst du die Aufmerksamkeit und behältst deine Visionen im Blick.
- Kennst du das Closing Ritual? Lass dich sanft in Tücher einwickeln und finde bewusst einen Anschluss für einen bestimmten Lebensabschnitt oder dein Jahr. Infos auf www.gebaermuetter.de/closing-the-bones.
- Definiere einen Meilenstein für deinen Monat, der im direkten Zusammenhang mit der jeweiligen Rauhnacht steht. Lege verbindlich ein Datum fest, an dem du diesen erreicht haben möchtest.
- Verschiebe kein Date mit dir selbst. Denn das würdest du ja auch nicht mit wichtigen Arbeits- oder Arztterminen machen, oder?
- Stelle dir heute in deinem Handy eine Erinnerungsfunktion ein. Bestimme zum Beispiel den immer wiederkehrenden Tag, an dem du dich um die Erfüllung deines 13. Wunsches kümmerst.
- Lade dir die geführten Meditationen für jede Rauhnacht herunter. Folge dafür dem unten stehenden QR-Code (links) und gib im passwortgeschützten Bereich den Code Rauhnacht24 ein. Wenn dir dieses Innehalten gefallen hat, kannst du diese Art von Audios für den jeweiligen Monat im Onlineshop unter www.kamija.de/shop kaufen.
- Mache den Monatsausblick und die -reflexion. Nutze dafür die Vorlagen aus dem Buch. Werde dir so über deine Bedürfnisse klarer und mache deine Erfolge sichtbar. Du kannst dir die Vorlagen auch herunterladen. Scanne dafür den unten stehen QR-Code (rechts). Gib dafür im passwortgeschützten Bereich den Code Rauhnacht24 ein.

Meditationen
Passwort: Rauhnacht24

Reflexionsvorlagen
Passwort: Rauhnacht24

„Nichts“ ist ziemlich viel

Vielleicht praktizierst du die Rauhnächte zum ersten Mal oder deine Meditationspraxis ist noch ganz neu und frisch und du hast das Gefühl, dass das alles so überhaupt nicht bei dir funktionieren mag.

Farben sehen? Bilder wahrnehmen? An Träume erinnern? Etwas loslassen? Bei dir ist da einfach nur „Nichts“ oder es kommen permanent Gedanken zu dir, sobald du dich zum Meditieren hingesetzt hast? Du hast dir das alles vielleicht anders vorgestellt. Klarer. Offensichtlicher. Ruhiger. Du bist damit nicht alleine! Und es sei dir gesagt, wenn du denkst, es klappt nicht bei dir, genau dann funktioniert es! Und zwar so richtig!

Lass deine Erwartungen los. Selbst wenn du nichts siehst oder wahrnimmst und permanent Gedanken zu dir kommen, die gedacht werden wollen, dann ist das völlig okay! Lass sie kommen. Nimm sie wahr. Begrüße sie als Gedanken, die du hast und lass sie dann wieder gehen. Nichts ist nicht nichts, sondern nichts ist ziemlich viel. Lade das Nichts ein. Erfreue dich daran. Nimm den Druck raus, denn den hast du schon genug in deinem Leben. Alles ist so, wie es sein soll. Es gibt nichts zu tun für dich. Du machst alles genau richtig.

Rauhnacht verpasst?

Dieses Buch ist für dich. Es soll dir keinen weiteren Stress in deinem vielleicht bereits vollen Leben machen. Deshalb ist es so wichtig, dass du gut auf dich Acht gibst und die Dinge tust, die sich für dich gut und richtig anfühlen. Alles, was nicht dir entspricht, kannst du getrost und ohne schlechtes Gewissen beiseiteschieben. Du bist die Expertin / der Experte für dich und du kennst dich am aller besten. Natürlich soll dich das nicht daran hindern, neue Dinge auszuprobieren, deine Komfortzone zu verlassen und einmal hinter die Grenzen zu schauen. Aber wenn du merkst, dass dir alles zu viel ist, dann mach weniger und erlebe dieses Weniger als genug.

Es kann passieren, dass du an einem oder mehreren Tagen nicht zu deiner Rauhnacht-Routine kommst, obwohl du es dir so fest vorgenommen hast und du dann in ein negatives Selbstgespräch einsteigst. Das brauchst du nicht. Du bist zu nichts verpflichtet und kannst ohne Druck und hohe Erwartungen deine ganz eigene Rauhnacht-Praxis gestalten.

Übe dich darin, milde zu sein, verurteile dich nicht. Selbst wenn du eine Nacht verpasst oder später im Laufe des Jahres dein „Warum" aus den Augen verlierst, ist das kein Problem. Du kannst immer von Neuem beginnen, dich besinnen und wieder einsteigen. Es ist Teil deines Prozesses, deines individuellen Fahrplans.

Auch wenn du dieses Buch erst im Laufe des Jahres kaufst und keine einzige Rauhnacht durchlebt hast, kannst du ganz einfach trotzdem mit den Monats-Magien anfangen. Hole die zugehörige Rauhnacht am Anfang des jeweiligen Monats nach. Stelle dir vor, du würdest, wie in einer Zeitkapsel sitzend, an den Tag der Rauhnacht reisen. Führe dann die Meditation und das Ritual durch. Gehe mit den Fragen zur Inspiration um und werde kreativ, wenn du möchtest. Du wirst sehen, auch dann passiert Magie, aber eben ohne Druck und mit einem guten Gefühl.

Der magische Jahreskreis

Das Leben im Jahresrhythmus kann zu deinem persönlichen Wachstum beitragen. Schon jeher sind die Menschen mit dem Jahreskreis vertraut gewesen. Dieses uralte Wissen wiederzuentdecken und die Magie in den eigenen Alltag zu integrieren, kann wunderbare Kräfte freisetzen. Das Leben im Jahreskreis schenkt dir eine Verbindung zur Natur und ihren zyklischen Prozessen. Es kann Bewusstsein schaffen und dich zurück zu deiner ureigenen Lebendigkeit führen. Im Jahreskreis zu leben, bedeutet auch, zurückzutreten, aus dem turbulenten Alltag und achtsamer zu sein, die eigenen Bedürfnisse wahrzunehmen und in Einklang zu bringen. Ritualisiert schenkt uns das Sicherheit, Hoffnung, Gewissheit und Orientierung. Es kann dir helfen, dich wieder neu auszurichten und zu fokussieren auf das, was du wirklich in die Welt bringen möchtest. Die Rauhnächte bilden den Kreisabschluss eines jeden Jahres, aber es gibt noch zahlreiche andere Daten, an denen du dich besinnen und dich selbst in den Vordergrund stellen kannst. Als Impulse für deine „innere Arbeit" tragen sie zu deinem Wachstum bei. Hier findest du einen Überblick über weitere Feste und Rituale im Jahreslauf. Sei offen und neugierig und setze das um, was sich für dich gut und richtig anfühlt. Trage dir die Daten gerne in deinen Kalender ein und informiere dich über weitere Rituale und Traditionen an diesen Tagen. Auch sind die besonderen Tage des Jahreskreises noch einmal als kleine Erinnerung im jeweiligen Monat für dich notiert.

Der magische Jahreskreis und seine Termine

21. oder 22. Dezember – Wintersonnenwende (Yule)
Beginn des Jahreskreises, Rückkehr des Lichts, Verehrung von Mutter Erde.

2. Februar – Imbolc
Das Fest des Lichtes und der heidnische Vorgänger von Maria Lichtmess. Das Licht wird entzündet und somit die Rückkehr des Frühlings gefeiert.

21. März – Frühlingsäquinoktium / Frühlings-Tag-und-Nacht-Gleiche (Ostara)
Gleichgewicht von Tag und Nacht, Frühlingsanfang.

30. April – Beltane
In der Nacht vom 30. April auf den 1. Mai wird der Übergang zwischen Frühling und Sommer gefeiert. Die Themen sind Liebe, Partnerschaft und Fruchtbarkeit.

20. oder 21. Juni – Sommersonnenwende (Litha)
Höhepunkt des Lichts, denn es ist der längste Tag des Jahres, Zeit des Überflusses.

1. August – Schnitterinnenfest (Lammas)
Erstes Erntedankfest im August.

22. September – Herbstäquinoktium / Herbst-Tag-und-Nacht-Gleiche (Mabon)
Erntedank, Gleichgewicht von Tag und Nacht.

31. Oktober – Samhain
Ende des Jahreskreises im Oktober, Vorbereitung auf die dunkle Jahreszeit.
Beschäftigung mit dem Tod und der Vergänglichkeit.
Beginn des Winters.

Deine Affirmationen

Mit Affirmationen zu arbeiten, kann sehr kraftvoll sein. Dabei beeinflussen diese kurzen und klar formulierten Kraftsätze das Unterbewusstsein positiv und neue, unterstützende Gedankenmuster können etabliert werden. Indem man regelmäßig positive Aussagen wiederholt, stärkt man den Glauben an sich selbst und fördert eine optimistischere Einstellung. Affirmationen können Klarheit über Ziele schaffen und motivieren, diese zu verfolgen, wodurch man sich auf das Positive im Leben konzentriert. Langfristig können sie das Verhalten und die Lebensweise positiv verändern, indem Affirmationen eine starke innere Grundlage für persönliches Wachstum und Erfolg schaffen. Unter anderem kannst du diese positiven Affirmationen im Buch finden.

Meine Wurzeln geben mir Halt und ich finde Stärke in meiner Basis.
Mein inneres Licht leuchtet hell und führt mich sicher auf meinem Weg.
Mit Zuversicht und Mut meistere ich jede Herausforderung.
Ich lasse Altes los und begrüße Neues mit offenen Armen.
Ich fühle mich frei und selbstbewusst in allem, was ich tue.
Ich bin geduldig und großherzig mit mir selbst und anderen gegenüber.
Ich verbinde mich tief mit meiner inneren Quelle der Ruhe und Gelassenheit
und lasse Frieden in mein Leben strömen.
Ich bin achtsam mit meinen Gedanken, Worten und Taten und akzeptiere
mich selbst vollkommen mit all meinen Stärken und Schwächen.
Es ist alles richtig, genauso, wie es ist.
Ich habe tiefes Vertrauen und begrüße den Wandel.
Ich glaube an die Wunder, die aus einem offenen und liebevollen Herzen
entstehen und ich bin bereit zum Aufbruch.
Ich schöpfe stetig aus meiner inneren Lebenskraft und
gehe mutig neue Wege.
Jeder Tag bringt mir neue Möglichkeiten, Liebe zu erleben und zu teilen.
Ich nutze meine innere Kraft, um mein volles Potenzial zu entfalten.
Ich öffne mich für ein Leben in Fülle.
Ich gestalte mein Leben aktiv und hole die reiche Ernte ein.
In jedem Übergang entdecke ich neue Möglichkeiten für mein Leben.
In meinem Rückzug entdecke ich tiefe Wertschätzung für das, was ist.
Ich lasse los, was mir nicht mehr dient, und öffne mich für Neues.
Ich finde Frieden in dem Wissen, dass alles seine Zeit hat.

Deine magischen Dates mit dir selbst

Vielleicht nimmst du dir in diesem Jahr vor, etwas ganz Verrücktes zu tun, etwas, das du noch nie zuvor getan hast oder etwas, wovon du schon so lange träumst. Vielleicht ist es auch etwas, das du schon seit Ewigkeiten wieder einmal tun willst. Mutig sein, für die eigenen Träume losgehen und seinen Horizont erweitern, das sind so schöne Erlebnisse! Sich immer wieder selbst zu daten und Dinge allein für sich zu erleben, die das Herz berühren und für immer in Erinnerung bleiben. Wenn dir jetzt schon Einfälle kommen, dann notiere sie. Du kannst aber auch in der Liste schmökern und dich von den Vorschlägen inspirieren lassen.

- Tanzen gehen
- Ein Buch lesen
- Reiten gehen
- Kickboxen
- Auf einen See hinausblicken
- Paragliding
- Wildwasser Rafting
- Einen Berg besteigen
- Surfen gehen
- Stand up paddling
- Einen Malkurs belegen
- Gesangsunterricht nehmen
- Eine Walze fahren
- Zur Massage gehen
- Wellness machen
- Zip-Lining
- Tauchen gehen
- Heißluftballon fahren
- Bungee-Jumping
- Ein Cabriolet ausleihen
- Sich selbst heiraten
- Ein Tattoo stechen lassen
- Spring vom 3-Meter-Brett
- Bis 5 Uhr morgens feiern
- Einen Sonnenaufgang beobachten
- Segeln gehen
- Kanutour machen
- Eine Nacht im Baumhaushotel verbringen
- Ein Märchenschloss besichtigen
- Barfuß laufen
- Ein 4-Gänge-Menü kochen
- Auf dem Sofa die Beine hochlegen
- Besuche ein Museum
- Gehe ins Theater oder ins Kino
- Besuche ein Konzert
- Gehe alleine ins Restaurant
- Tritt bei einem Poetry-Slam auf
- Gehe Töpfern
- Lerne Jonglieren
- Blicke in den Sternenhimmel
- Lerne eine neue Sprache
- Nackt im See schwimmen
- Rollschuhlaufen
- Einen Baum umarmen

Eine Anleitung für die einzelnen Rauhnächte und Monate

Die einzelnen Kapitel haben immer die gleiche Struktur und sind zweigeteilt. Einmal findest du die jeweilige Rauhnacht, sodass du dich verlässlich von Tag zu Tag durch die magische Zeit zwischen den Jahren führen lassen kannst. Schließlich steht dir das Buch in den kommenden 12 Monaten zur Verfügung, damit du weiterhin deine Klarheit und deinen Fokus im turbulenten Alltag beibehalten kannst. Deshalb findest du zum anderen den zur jeweiligen Rauhnacht zugehörigen Monat. So kann das Buch ein wahrer Schatz werden und dich über einen langen Zeitraum begleiten. Schließlich wirst du es erneut für deinen Jahresrückblick und die kommenden Rauhnächte nutzen können.
Zuerst gibt es aber in diesem Teil einige einleitende Gedanken zur Verwendung dieses Buches.

- Fragen zur Inspiration

Du bekommst eine Sammlung von Fragen an die Hand, die zum jeweiligen Thema der Rauhnacht passend ausgewählt sind. Sie dienen lediglich als Inspiration und können eine Quelle für Denkanstöße sein, Impulse darstellen oder Begleiter über den Tag sein. Natürlich kannst du hier frei wählen, ob du dich mit den Fragen beschäftigst und wenn ja, in welchem Umfang. Gleiches gilt für den Rauhnachtmonat.

- Meditation

Ein fester Bestandteil ist die Meditation. Passend zu jeder Rauhnacht kannst du dir die Meditation im Vorfeld deiner Routine durchlesen. Wenn du schon geübt bist im Meditieren, kann das Durchlesen ausreichen, um dich in einen meditativen Zustand zu führen. Vielleicht sprichst du dir den Text aber auch selbst ein, da jeder Mensch mit seiner eigenen Stimme besonders gut in Resonanz geht. Oder aber du markierst dir Schlagwörter, die du in deine Meditationspraxis einfließen lässt.

Wenn du dich noch nicht so lange mit Meditation beschäftigst, fällt es dir vielleicht schwer, dich nur anhand der Texte fallenzulassen. Dann ist es hilfreich, den Audiokurs begleitend zu machen. Hier gibt es alle Meditationen der jeweiligen Rauhnacht in gesprochener Form und mit einer sanften Hintergrundmusik hinterlegt zum Anhören. Schaue, was es für dich braucht, um dich ganz auf die Meditation einlassen zu können.

Auch in der Meditation wirst du das eine oder andere Mal feststellen, dass es für dich eine Herausforderung ist, konzentriert bei der Sache zu bleiben. Das ist ganz normal. Vor allem, wenn du zur Ruhe kommst und deinen Blick nach innen richtest, kommen manchmal auf einmal tausend Gedanken, die von dir gedacht werden wollen. Nimm dies wahr, bewerte es nicht und kehre mit deiner Aufmerksamkeit zu deinem Atem zurück. Alleine, dass du bemerkst, dass deine Gedanken abschweifen, ist schon ein riesiger Schritt, der dir zeigt, dass Meditation funktioniert! Bleib dran und nimm den Druck raus. Es gibt an dieser Stelle nichts zu beweisen. Du tust das hier für dich und machst dir ein wertvolles Geschenk. Übe dich in Gelassenheit und bedanke dich für jeden einzelnen Moment mit dir selbst.

Meditationseinleitung
Wenn du möchtest, kannst du vor jeder Meditation eine kurze Einleitung machen. Besonders gut eignet sich hierfür die Wahrnehmung deines Atems oder ein kurzer Bodyscan. So gibst du dir die Möglichkeit, ganz im Hier und Jetzt anzukommen und dir bewusst darüber zu werden, dass das jetzt die Zeit für deine Rauchnacht- und Monatspraxis ist. Die Meditationen der Monatspraxis sind deutlich kürzer und dienen lediglich dazu, dich einzustimmen. Du kannst hier deshalb auch eine nicht ganz so ausführliche Meditationseinleitung wählen. Bist du bereits in deinem Jahr angekommen, lohnt es sich trotzdem, die Meditation aus der jeweiligen Rauhnacht zu wiederholen. So holst du dir einen extra Portion Magie.

Einleitung durch die Wahrnehmung des Atems

Suche dir deine ganz persönliche Meditationshaltung, in der du für ein paar Augenblicke gut sein kannst. Wenn du magst und kannst, dann schließe sanft deine Augen. Erde dich hier nun ganz bewusst und nimm deinen Atem für einen Moment lang wahr. Du atmest tief und bewusst, Atemzug für Atemzug und kommst in diesem Moment ganz bei dir an. Spüre dann in deinen Körper hinein und lasse mit dem nächsten Ein- und Ausatmen alle Anspannung los. Entspanne deine Schultern und auch die Kiefergelenke. Dabei kannst du deine Zunge gerne sanft vom Gaumen lösen. Verbunden mit dir selbst kannst du deinen Atem jetzt in deinem ganz natürlichen Rhythmus fließen lassen. Mache dich bereit für deine Meditation.

Einleitung durch einen kurzen Bodyscan

Komm in deine ganz persönliche und aufrechte Meditationshaltung. Vielleicht möchtest du noch einmal deine Sitzbeinhöcker etwas zurechtziehen, um deinen Sitz bewusst zu erden. Nimm den Körperabschnitt von deinen Füßen bis zu deinen Knien wahr. Nimm ihn wahr und lasse hier mit jedem Ausatmen mehr los.
Wandere mit deiner Aufmerksamkeit von deinen Knien bis hin zu deinen Hüften. Entspanne hier und lasse auch dein Becken ganz bewusst los. Komm achtsam im Bereich zwischen deiner Hüfte und deiner Taille an. Lasse deinen Bauch ganz weich werden und gib Anspannung aus deinem Rücken ab. Nimm nun deinen Körper von deiner Taille bis hin zu deinen Schultern wahr. Entspanne die Schultern und auch deine Arme. Richte deine Aufmerksamkeit auf den Bereich von deinen Schultern bis zu deinem Scheitel. Gib noch einmal Anspannung aus deinen Schultern ab und entspanne auch deine Kiefergelenke und Augenbrauen. Dein ganzer Körper ist jetzt angenehm entspannt und gelöst.

Ausleitung

Verabschiede dich in aller Ruhe von deinen Bildern oder Gefühlen, die du gerade hattest und kehre noch einmal zu deinem Körper zurück. Lasse eine große Entspannungswelle durch deinen Körper laufen, angefangen vom Scheitel, dem höchsten Punkt von dir, bis hin zu deinen Zehenspitzen. Nimm ein paar tiefe, bewusste und vollständige Atemzüge und beginne den Raum um dich herum bewusst wahrzunehmen. Fange ganz achtsam und behutsam an, deinen Körper wieder aufzuwecken. Bewege deine Finger, deine Arme, deine Zehen und Füße. Vielleicht möchtest du deine Fuß- oder Handgelenke kreisen. Wenn dir danach ist, kannst du dich noch einmal recken und strecken oder auch gähnen. Wenn der Zeitpunkt für dich gekommen ist, dann öffne sanft deine Augen und lasse deinen Blick klar werden. Lasse dir Zeit und kehre in deine Wirklichkeit zurück.

Kurze Ein- und Ausleitung für die Monats-Magie

Finde deine ganz persönliche und bequeme Position und wenn es sich gut für dich anfühlt, kannst du deine Augen sanft schließen. Atme tief ein und langsam wieder aus. Konzentriere dich auf deinen Atem und lass all deine Gedanken vorbeiziehen. Spüre, wie sich dein Körper entspannt und du ganz im Hier und Jetzt ankommst.

Wenn du magst und es sich gut für dich anfühlt, dann schließe deine Augen und atme tief ein und aus. Spüre, wie die Luft deinen Körper angenehm und erfrischend füllt und ihn dann wieder verlässt. Lass deinen Atem ruhig und gleichmäßig fließen und mache dich bereit für deine Meditation.

Atme tief ein und freudig aus. Wenn du bereit bist, bringe deine Aufmerksamkeit langsam wieder zurück in den Raum um dich herum. Bewege sanft deine Finger und Zehen, strecke dich, wenn du möchtest. Öffne langsam deine Augen und nimm das Gefühl der erwachenden Lebensfreude mit in deinen Tag. Du bist bereit, diesen Monat in vollen Zügen zu genießen.

Atme tief ein und vollständig aus und nimm dich noch einmal ganz wahr. Lass dir Zeit und öffne langsam deine Augen, wenn du bereit bist. Nimm dieses vollkommen positive Gefühl, das du jetzt hast, mit in deinen Tag. Du bist ganz erfüllt von Vorfreude für alles, was in deinem Monat kommt.

- Manifestation

Das Manifestieren ist eine Methode, um mit dir in Kontakt zu treten, mehr Selbstbestimmung in dein Leben zu bringen und individuelle und authentische Stärke zu finden. Durch das Manifestieren kannst du noch einmal festigen, was du wirklich möchtest, und ziehst dadurch auch genau das an, was du dir für dein Leben wünschst. Dadurch schaffst du auch eine hohe Verbindlichkeit und hältst deine Gedanken fest, wodurch du Klarheit gewinnen kannst. Die Manifestation kann richtungsweisend sein, denn alles, was du in deinem geistigen Bewusstsein verstärkst, kann tatsächlich Form annehmen. Im Buch hast du immer wieder die Möglichkeit der Manifestation in unterschiedlicher Weise. Schau, was es mit dir macht, Gedanken, Wünsche, Dinge oder Visionen zu manifestieren und beobachte dich selbst dabei, was es für einen Unterschied macht.

- Kreativität

Basteln, Schreiben, Malen, Tanzen, Musizieren, Singen und vieles mehr, all diese Handlungen sind unter dem Begriff der Kreativität vereint. Unglaublich viele positive Auswirkungen können dadurch entstehen, weswegen es lohnenswert ist, Kreativität wieder mehr in das eigene Leben einzuladen und sich Zeit zum Praktizieren zu nehmen.

Kreativität ist...

... Ausdruck der Seele.
... die Möglichkeit, Zugang zum Unterbewusstsein zu erhalten.
... Bewertungen und „Schul-Denken" loszulassen.
... dem Prozess zu vertrauen und ihn geschehe zu lassen.
... eine Handlung, in der etwas erschaffen wird.
... ein meditativer Prozess.

Immer wieder bist du an dem ein oder anderen Rauhnachtstag eingeladen, kreativ zu werden und deiner Seele dadurch Ausdruck zu verleihen. Beobachte dich mit kindlicher Neugierde und sei von Stolz erfüllt. Denn was du erschaffst, kannst auf diese einzigartige Art und Weise nur du erschaffen.

- Journaling

Was einmal zu Papier gebracht ist, das ist nicht mehr nur in deinem Kopf. Vielleicht hast du das schon erfahren, wenn deine Gedanken kreisen und du in diesem Moment Stift und Zettel in die Hand nimmst und die Worte einfach auf das Papier fließen lässt. Es kann unglaublich befreiend sein, Dinge aufzuschreiben.

Genau das kannst du auch während der Rauhnächte tun. Schreib ein Rauhnacht-Tagebuch und halte so fest, was du träumst oder was dir auch in den Meditationen begegnet. Auch offene Fragen oder Antworten sind es wert, aufgeschrieben zu werden. Diese Notizen kannst du im neuen Jahr immer wieder zur Hand nehmen und dich daran erinnern, was du in die Welt bringen möchtest. Sie können dein Anker sein, um deinen Fokus und deine Vision nicht aus den Augen zu verlieren. Wenn es einmal etabliert ist, kann regelmäßiges Journaling wie ein tägliches Seelenputzen sein. Es lohnt sich, damit zu beginnen!

So gibt es in jeder Rauhnacht einen extra Teil für deine Notizen. Nimm dir im Anschluss an die Meditation einen Augenblick lang Zeit und schreibe deine Erlebnisse, Begegnungen, Fragen oder auch Antworten auf. Natürlich kannst du auch festhalten, was dir am Tag widerfahren ist. Falls dir der Platz nicht ausreicht, besorge dir doch ein schönes Notizbuch, das du extra hierfür nutzt.

- Orakel oder Karte ziehen

Vielleicht verwendest du Orakelkarten. Dann bist du herzlich eingeladen, jeden Tag eine Karte in deine Praxis zu integrieren. Intuitiv gezogen, kann sie dir helfen, Zukunfts- oder Entscheidungsfragen zu beantworten.
Schau dir die von dir gezogene Karte an und gehe neugierig auf Entdeckungsreise, was sie dir vielleicht sagen möchte. Es kann ein Impuls sein, den du erhältst, um über eine Sache tiefer nachzudenken oder gestärkt Entscheidungen treffen zu können. Selbst wenn du ihren Sinn noch nicht verstehst, ist das okay. Die Karte darf dich begleiten und dir ein Wegweiser sein, denn manchmal ergibt sich der Sinn und das daraus resultierende Verständnis auch erst auf deiner Reise durch das Jahr.

Schreibe dir auf jeden Fall auf, was auf der Karte steht und was du mit dem Satz oder dem Bild darauf verbindest. Rückblickend hast du dann immer die Möglichkeit, noch einmal nachzusehen, was für den jeweiligen Monat auf deiner Orakelkarte gestanden hat, und kannst es dir ganz bewusst ins Gedächtnis rufen. Frage dich dann gerne: Was sagt mir die Karte jetzt? Hat sich etwas verändert? Wie kann ich die Botschaft positiv für mich deuten? Notiere auch hierzu deine Gedanken.

- Traum

Der Glaube besagt, dass in den Rauhnächten besondere Dinge passieren können. So kann es sein, dass du in dieser Zeit intensiv träumst. Es wird gesagt, dass die Träume, die man in den Rauhnächten empfängt, Voraussagen für die eigene Zukunft sein können. Ganz gleich, ob du es ebenfalls so auslegen möchtest oder auch ganz anders, so kannst du diese bewussten Tage und Nächte doch dazu nutzen, um die Einladung anzunehmen, deinen Träumen eine besondere Bedeutung zuzuschreiben und darüber nachzudenken.

Wenn du möchtest, dann lege dir dieses Buch neben dein Bett, sodass du nach dem Aufwachen aufschreiben kannst, was in deinen Träumen passiert ist. Oftmals verblasst die Erinnerung an einen Traum im Laufe der Zeit, deshalb nutze den Notizteil gleich nach dem Wachwerden.

- Räuchern

Traditionell kommt das Räuchern aus dem Glauben heraus, dass böse Geister vertrieben und angesammelte, negative Energien aus dem Haus entlassen werden können. Heute ist dieser Glaube vielleicht nicht mehr vorherrschend, aber trotzdem kann man die reinigende Wirkung des Räucherns wahrnehmen und für sich nutzen. Durch das Räuchern geht man gedanklich in die Fülle und auch das Segnen kann Teil dessen sein. Nimm dir für das Räuchern ausreichend Zeit.
Wenn du räuchern möchtest, dann brauchst du eine Räucherschale (feuerfest!), evtl. Räuchersand bzw. Sand und Kohle. Ist das Räuchern neu für dich, dann taste dich langsam heran. Finde heraus, welche Gerüche dir guttun und welche du magst.

Folgende Kräuter eignen sich für dein Räucherwerk:

- Salbei (starke Reinigungskraft, unterstützt dabei die eigenen Bedürfnisse, sich von anderen abzugrenzen)
- Weihrauch (bringt Segen)
- Wacholder (vertreibt negative Einflüsse)
- Thymian (reinigt und stärkt)
- Rosmarin (klärt den Blick, bringt Lösungen für Problemsituationen)
- Myrrhe (desinfiziert, reinigt und schenkt Ruhe)
- Lavendel (wirkt beruhigend, bringt Seele ins Gleichgewicht)

Es gibt unterschiedliche Möglichkeiten, ein Räucherwerk herzustellen. Du kannst die Kräuter oder auch eine Mischung zum Beispiel mit einem Stößel zerkleinern. Lege dann den Sand in eine feuerfeste Schale, platziere die Kohle darauf und lege auf diese deine zerkleinerte Kräutermischung. Natürlich kannst du dir auch ein gebundenes Räucherwerk kaufen oder aber es selber machen. Um es ablegen zu können, benötigst du ebenfalls eine feuerfeste Schale.

Wenn du möchtest, schließe einmal die Augen, bevor du mit dem Räuchern beginnst, und nimm den wohligen Duft der Kräuter für einen Moment lang ganz bewusst wahr. Entzünde dein Räucherwerk dann, bis es leicht glimmt. Achte dabei darauf, dass es nicht anfängt zu brennen. Du kannst jetzt fortwährend Luft zufächeln, bis es zu einer schönen Rauchentwicklung kommt. Wenn du beobachtest, dass dein Räucherwerk aufhört zu glimmen, entzünde es einfach von Neuem.

Du kannst jede Nacht mit der Räucherschale von Zimmer zu Zimmer gehen und den Rauch in alle Ecken blasen. Wenn du nicht täglich räuchern möchtest, dann vielleicht in der 6. und 7. Rauhnacht. Dabei bist du eingeladen, dir vorzustellen, dass sich alles Negative aus der Vergangenheit im Rauch auflöst und in Positives verwandelt. Gerne kannst du auch deine Wünsche und Visionen formulieren und sie in jeden Raum hineingeben. Öffne auch gerne die Fenster, so kann das Alte und Verbrauchte gleich abziehen. Die ersten sechs Rauhnächte kannst du dich thematisch mit dem vergangenen Jahr beschäftigen; die sechs Nächte des neuen Jahres mit dem, was du in die Zukunft bringen möchtest.

Wichtiger Hinweis
Lasse das Räucherwerk oder auch Kerzen nie unbeaufsichtigt! Räuchere bitte nicht, wenn du schwanger bist oder sensibel auf Gerüche reagierst. Das Räucherwerk wird ziemlich heiß. Gib also besonders acht darauf, dass du dich nicht verbrennst.

- Magische Monats-Routine

Die einzelnen Monate enthalten eine Rubrik „Magische Monats-Routine". Hier lernst du jeden Monat eine neue Technik kennen, die dir dabei hilft, deine Träume, Wünsche und Visionen aus den Rauhnächten im trubeligen Alltag des Jahres nicht aus den Augen zu verlieren. Es ist als eine Art Mini-Coaching anzusehen, um deinen Fokus beizubehalten und wenn du dich darauf einlassen kannst, wirst du dich selbst ein Stück weit näher kennenlernen und zudem positive Routinen etablieren. Wenn du einmal eine Technik gefunden hast, die besonders gut für dich funktioniert, dann behalte sie einfach über die anderen Monate bei. In der Regel wirst du dafür nicht mehr als 5 bis 10 Minuten deiner Zeit brauchen, so kannst du die magische Monats-Routine wie das tägliche Zähneputzen für deine Seele sehen. Zudem sind die meisten Techniken auf die jeweilige Rauhnacht abgestimmt, sodass du auch hier wieder auf deine 12 Nächte zurückblicken kannst. Setze dich nicht unter Druck und lebe auch hier das Motto:

Alles kann, nichts muss.

- Monatsausblick und Monatsreflexion

Kennst du das Gefühl, dass die Zeit nur so dahin fliegt? Plötzlich ist wieder Dezember und du fragst dich, wo die Monate geblieben sind. Eine Möglichkeit, eine achtsame Pausetaste zu drücken, um bewusster das Jahr zu erleben, ist der monatliche Ausblick und die monatliche Reflexion. Den Ausblick füllst du am Anfang eines Monats aus und die Reflexion jeweils am Ende. Beides bietet sich besonders gut an, da du so deine Ziele aus den 12 Rauhnächten mit Fokus verfolgen kannst und regelmäßig einen Realitätscheck durchführst, ob du noch auf dem richtigen Weg bist. Diese monatliche Vorgehensweise kann zu deinem Self Care-Ritual werden und sie hilft dir dabei, bewusster und zufriedener durchs Leben zu gehen. Auf der nächsten Seite wird aufgeführt, wie du beides nutzen kannst. Die auszufüllenden Seiten findest du dann am Ende des jeweiligen Monats. Natürlich kannst du die Vorlage auch nutzen und sie für deine Wochenreflexion verwenden.

Sechs Schritte für deinen Monatsausblick

Check-in

Wie soll dein Monat für dich werden?

- Bewerte deine Zufriedenheitsaussichten im kommenden Monat auf einer Skala von 1 bis 10.

Monats-Meilenstein

Was nimmst du dir für den Monat vor?

- Definiere einen Meilenstein für dich. Es kann eine herausfordernde Aufgabe sein oder etwas, was du schon lange tun willst. Benenne ein festes Datum und trage dieses in deinen Kalender ein.

Monats-Date mit dir selbst

Was möchtest du mit dir selbst unternehmen?

- Lege ein verbindliches Date mit dir selbst fest. Was möchtest du diesen Monat tun, auf das du dich von Herzen freust? Schreibe es dir in deinen Kalender wie einen Arbeitstermin, den du nicht verschieben kannst.

Vision Board-Fokus

Was springt dir auf deinem Vision Board ins Auge?

- Schaue auf dein Vision Board. Wähle ganz intuitiv eine Sache aus, auf die du in diesem Monat deinen Fokus legen möchtest.
- Stelle dein Vision Board an einen anderen Platz und erhöhe so die Aufmerksamkeit dafür.

13. Wunsch

Wie weit bist du gekommen bei der Erfüllung deines 13. Wunschs?

- Erinnere dich an deinen Wunsch, für dessen Erfüllung du selbst verantwortlich bist. Lege fest, was du diesen Monat verbindlich für die Realisierung tust.

Monats-Affirmation

Welcher Kraftsatz kann dich unterstützen?

- Überlege dir einen kurzen, prägnanten Satz, der dich in den nächsten Wochen unterstützt, und notiere dir diesen.

Sechs Schritte für deine Monatsreflexion

Check-in
Wie war der Monat für dich?

- Bewerte deine Zufriedenheit im vergangenen Monat auf einer Skala von 1 bis 10. So kannst du im Laufe des Jahres deine Stimmung im Jahresverlauf gut nachvollziehen.

Braindump
Was ist alles im letzten Monat passiert?

- Nimm deinen Kalender zur Hand und schaue noch einmal auf deinen Monat. Du wirst überrascht sein, wie viel du erlebt und erreicht hast.

Deep Dive
Stelle dir gezielte Fragen.

- Welche schönen Momente gab es?
- Welche Herausforderungen hast du gemeistert?
- Welche Erfolge kannst du feiern?
- Wofür bist du dankbar?

Wort des Monats
Finde dein Wort des Monats.

- Finde ein Wort, das den vergangenen Monat am besten beschreibt. Das hilft dir, den Monat bewusst abzuschließen.

Erkenntnisse
Welche Learnings hattest du?

- Notiere, was du aus dem vergangenen Monat gelernt hast und welche Erkenntnisse du mitnehmen möchtest.

Einen Schlussstrich ziehen
Was lässt du hinter dir?

- Überlege, welche negativen Gedanken oder Sorgen du hinter dir lassen möchtest. Wenn du möchtest, kannst du ein Feuerritual durchführen und diese Gedanken, Sorgen oder Erlebnisse auf einen Zettel schreiben und diesen anschließend symbolisch verbrennen.

„Das brauchst du – deine Einkaufsliste

Du möchtest die Rauhnächte und das kommende Jahr ganz entspannt erleben und alle Besorgungen schon im Vorfeld erledigen? Dann kommt hier eine Sammlung der Dinge, die du brauchst, wenn du alle Rituale des Buchs durchführen willst.

Bevor du beginnst, benötigst du:

- einen geeigneten Stift (Kugelschreiber, Bleistift)
- Reicht der Platz zum Aufschreiben deiner Gedanken in diesem Buch nicht aus, besorge dir ein schönes Buch zum Hineinschreiben
- Kalender für das kommende Jahr
- Kerzen und Tee

Für die 13 Wünsche benötigst du:

- 1 Kistchen/Säckchen
- Wunschpapier (Flying wish paper), Seidenpapier oder Lorbeerblätter
- eine feuerfeste Schale

Für die 2. Rauhnacht benötigst du:

- Teelichter, Kerzen
- Blumen, die Licht symbolisieren (vielleicht nimmst du weiße Blumen)
- Stift, Zettel, Glitzer
- Kissen
- Musik
- Räucherwerk/Duft
- helle Anziehsachen

Für die 3. Rauhnacht benötigst du:

- viele alte Zeitschriften und Magazine
- Fotos
- Papier in verschiedenen Formaten und unterschiedlicher Dicke
- Schere, Kleber
- verschiedene Stifte (Buntstifte, Fineliner, Eddings, Textmarker)
- Maskingtape, Glitzer
- evtl. eine Bastelunterlage
- Musik
- evtl. Bilderrahmen

Für die 6. und 7. Rauhnacht benötigst du:

- eine Räucherschale
- Räucherkräuter
- evtl. Räuchersand und Kohle

Für die 7. Rauhnacht benötigst du:

- Badezusatz, wenn du das Baderitual durchführen möchtest (für Inspirationen kannst du unter der entsprechenden Rauhnacht nachlesen)

Für die 12. Rauhnacht benötigst du:

- einen oder mehrere Steine

Für den Monat März benötigst du:

- Kresse- oder Vergissmeinnichtsamen
- einen Topf mit Blumenerde oder Teller mit Küchenpapier

Weitere individuelle Besorgungen

Notiere dir hier, was du noch für deine Rauhnächte brauchst und schon jetzt bereitlegen möchtest.

Deine Reise durch die Rauhnächte

Komm mit auf eine Reise.

Eine Reise durch die magische Zeit zwischen den Jahren.

Lass dich von den 12 Rauhnächten verzaubern und gehe Tag für Tag. Dabei kannst du deinem individuellen Programm folgen und intuitiv das tun, was sich für dich stimmig anfühlt.

Hier kannst du dich mit deinen Träumen und Wünschen verbinden, die du schon so lange hegst. Daraus kannst du deine Vision formen, die dein Leben verändern kann.

Sei offen und neugierig, blicke mit Kinderaugen auf deine Welt und lass dich überraschen von dem, was sich dir zeigt.

Gehe los!

Die 13 Wünsche

Jede Rauhnacht | Visionen & Universum

Die Idee der 13 Wünsche

Mit den 13 Wünschen ist eine zauberhafte Idee entstanden, die sich immer mehr an Beliebtheit erfreut. Denn für viele Menschen ist die magische Zeit der Rauhnächte mit Herzenswünschen verbunden, die man dem Universum mitteilen und um deren Erfüllung man bitten kann. Deshalb kannst auch du ein Wunschritual durchführen. Es drückt Vertrauen aus, zeigt aber gleichzeitig deine Bereitschaft, für Veränderungen in deinem Leben selbst aktiv loszugehen.

Das Universum unterstützt mich bedingungslos
in allem, was ich tue.

Du schreibst 13 Wünsche auf 13 Zettel. Dabei überlegst du dir, was du dir vom neuen Jahr erhoffst und wohin deine Reise gehen soll. Was ist dir wirklich wichtig? Wovon möchtest du mehr in deinem Leben? Welche Ziele möchtest du erreichen? Wonach sehnt sich dein Herz schon besonders lange? Was willst du nicht mehr länger aufschieben oder mit dir herumtragen? Gehe dabei sorgfältig mit deinen Wünschen um, denn am Ende wird einer übrig bleiben, für den du selbst Sorge trägst.
Diese Zettel faltest du gleichmäßig und gibst sie in ein Gefäß, Kistchen oder in ein Säckchen und hältst sie für dein tägliches Wunsch-Ritual bereit. Hierfür benötigst du eine feuerfeste Schale.

Die Wünsche sollten...

... positiv, klar und prägnant formuliert sein.
... keine Verneinungen einhalten.
... in der Gegenwartsform geschrieben sein.
... für dich selbst sein.

Ritual

Ab der ersten Rauhnacht kannst du abends oder in der Dämmerung einen Zettel ziehen. Wähle ganz intuitiv aus und lies ihn dir nicht noch einmal durch. Habe Vertrauen. Lege den Zettel in eine feuerfeste Schale und verbrenne ihn anschließend. So übergibst du den Wunsch dem Element Feuer und schließlich dem Universum. Schau aufmerksam zu, wie der Zettel verbrennt und beobachte dich dabei, ganz ohne zu werten. Nimm Gefühle wahr oder auch anderes, was sich dir zeigt. Übergib die Asche der Erde, lasse sie vom Wind davontragen oder streue sie in ein Gewässer. So beziehst du auch die anderen Elemente mit in das Ritual mit ein.

Du wirst feststellen, dass die einzelnen Wünsche auf ganz unterschiedliche Art und Weise „in Flammen aufgehen". Manche verbrennen ganz schnell, andere glimmen erst und brauchen sogar einen zweiten Anlauf. Andere kräuseln sich zusammen oder fliegen gar hoch in die Luft hinaus. Es ist ein Schauspiel des Universums gemeinsam mit dir, dem du beiwohnst – magisch.

Insgesamt zwölf Mal wirst du deine Wunschzettel verbrennen. Am 6. Januar kannst du eine feierliche Zeremonie abhalten und in einem besonderen Moment den 13. Wunsch öffnen. Wie geht es dir mit diesem, für den du selbst losgehen sollst? Sind da innere Widerstände, ein Aufstöhnen oder freust du dich endlich für dessen Erfüllung sorgen zu können? Beobachte dich auch hier und spüre dabei in dich hinein. Im Laufe des neuen Jahres und somit zu Beginn jedes Monats bist du aufgefordert zu überlegen, an welcher Stelle du gerade in deinem Leben stehst und was du für die Erfüllung des 13. Wunsches tun kannst. Somit behältst du den Fokus bei und sorgst für viel Selbstwirksamkeit. Es kann sinnvoll sein, sich das Wunschzettelchen in den Kalender hineinzulegen und so immer die Existenz des 13. Wunsches vor Augen und damit das Sprichwort „jeder Mensch ist seines Glückes Schmied" zu haben.

Tipp:
Es gibt spezielles Wunschpapier (Flying wish paper), dass du dir für dieses Ritual besorgen kannst. Alternativ eignet sich auch Seidenpapier gut oder du schreibst die Wünsche auf Lorbeerblätter.

Was tun, wenn du ...

... an einem Tag vergessen hast, den Zettel zu verbrennen?
Dann verbrennst du am nächsten Tag zwei Zettel.

... versehentlich zwei Zettel verbrannt hast?
Dann verbrennst du am nächsten Tag keinen Zettel.

... am 4./5. Januar noch zwei Zettel übrig hast?
Dann sind das die zwei Wünsche, für die du verantwortlich bist.

... am 3./4. Januar nur noch einen Zettel übrig hast?
Dann ist dieser der Wunsch, für den du selbst verantwortlich bist.

Dein Platz nur für dich

Notiere dir hier den Wunsch, für dessen Erfüllung du im Laufe des Jahres verantwortlich bist. Du kannst auch Gedanken aufschreiben, die du in dem Moment hattest, als du ihn geöffnet hast. Wenn du wichtige Meilensteine erreichst, dann hast du hier ebenfalls die Möglichkeit, diese festzuhalten. Jeden Monat wirst du im Buch an deinen 13. Wunsch erinnert, sodass du ihn im Blick behältst.

Wintersonnenwende

21./22. Dezember | Licht & Schatten

Die Namensvielfalt zeigt, wie kulturell weit verbreitet die Wintersonnenwende und das damit gefeierte Fest ist. Ob etwa Jul, Jule, Jol, Yule oder Joel, es gibt zahlreiche lokale Anpassungen in unterschiedlichen Regionen. Die Wintersonnenwende ist die dunkelste Nacht des Jahres und schon seit langer Zeit wird die Wiedergeburt des Lichtes und der Hoffnung gefeiert. Traditionell werden die Räume mit Immergrün von Eibe, Buchsbaum, Stechpalme, Tanne oder Fichte geschmückt und der Widerstandsfähigkeit und Beständigkeit selbst in der dunklen, kalten Jahreszeit symbolisch Ausdruck verliehen.

Auch dem Adventskranz, der seinen Ursprung im Jahreszeitenkranz hat, kommt eine symbolische Bedeutung zu. Gemeinsam mit den immergrünen Gehölzen, den Kerzen und dem Feuerlicht sowie der Kreisform, zeigt sich hierin, dass neues Leben in einem zyklischen Kreislauf entsteht. Mit der Wintersonnenwende trittst du in den magischen Kreis der Rauhnächte ein und kannst sie als Vorbereitung für die kommende Zeit nutzen.

Alles, was ich brauche, ist bereits da.
Ich vertraue.

Zur Wintersonnenwende hat die Kreisform eine besondere Bedeutung, da sie das Ende der dunklen Periode und den Beginn der zunehmenden Helligkeit darstellt. Der Kreis erinnert uns daran, dass alles Teil eines größeren Ganzen ist und dass nach jeder Dunkelheit wieder Licht folgt.

Inspirationsfragen

Was in dir will ans Licht gebracht werden?
Welche deiner Schattenseite möchtest du umarmen?
Welches verborgene Talent wartet darauf,
von dir entdeckt zu werden?
Was bedeutet das Licht und was die Dunkelheit für dich?

Was du heute tun kannst

Bereite doch heute deine Rauhnacht-Praxis vor. Schau dich neugierig im Buch um: Was gibt es alles zu entdecken? Bei welchen Ritualen schlägt dein Herz schneller und braucht es etwas von dir, was besorgt werden muss? In der Zeit der Rauhnächte darf deine Welt still stehen. Damit das für dich gut umsetzbar ist, kannst du heute bereits die Weichen stellen. Eine gute Vorbereitung minimiert Stress und Hetze und du kannst mit einem guten und sicheren Gefühl starten. Das bedeutet allerdings nicht, dass du einen starren Rahmen setzt und deine Flexibilität einschränkst. Vielmehr verfügst du durch die gute Vorbereitung über die Möglichkeit, spontan reagieren zu können, ganz nach dem Motto, was sich gut anfühlt, setzt du um und alles ist da, was du dafür benötigen wirst.

Du möchtest das magische Ritual der 13 Wünsche ausprobieren? Wunderbar, denn heute ist auch ein guter Tag, um dir über deine 13 Wünsche Gedanken zu machen und sie auf die vorbereiteten Zettel zu schreiben. Auch kannst du bereits mit dem Journaling beginnen und notieren, was dir durch den Kopf geht. Wenn du möchtest, kannst du dein Warum und somit deine Motivation und dein Commitment erarbeiten.

Vorbereitung

22./ 23. Dezember | Einstimmung & Wunsch

Mach dich bereit

Wenn du Weihnachten feierst, können die Tage davor oft auch eine stressige Zeit mit vielen Vorbereitungen sein. Dennoch ist es besonders wertvoll, sich trotz des Trubels bewusst Zeit für sich zu nehmen. Denn dann schaffst du Raum dafür, um dich daran zu erinnern, was wirklich zählt: Liebe, Fürsorge und das Teilen von Freude und Dankbarkeit. Lege also für dich fest, wann du kleine Pausen machst. Steige in diesen Momenten bewusst aus der Hetze und deinen To-Dos aus. Ein paar bewusste Atemzüge und ein kurzes Innehalten reichen vollkommen aus.

Kurze Wunschmeditation (ca. 4 min)

Wiederhole die Meditation an den Tagen vor den eigentlichen Rauhnächten immer wieder, denn es entstehen nicht alle Wünsche zur gleichen Zeit. So hast du die Möglichkeit, deine Wunschschale ganz voll werden zu lassen und dein Herz mit Herzenswünschen zu füllen.
Forme mit den Händen eine Schale vor deinem Körper. Alle Wünsche, die du hast oder die sich dir zeigen, kannst du in dieser Wunschschale sammeln. Lass dir dabei Zeit, denn deine Schale darf sich füllen, bis sie ganz voll geworden ist. Führe dann die Schale zu deinem Herzen und lege sie symbolisch an diese Körperstelle. So können die Wünsche von deinem Herz aufgenommen und zu echten Herzenswünschen werden.

Manifestation und Kreativität (ca. 20 min)

Bastele doch für jeden Wunsch, den du in deiner Wunschschale gesammelt hast, einen Stern und schmücke den Weihnachtsbaum oder deine Wohnung damit.

Tag vor der Rauhnacht

24. Dezember | Achtsamkeit & Rückschau

Achtsam den Tag erleben

Der 24. Dezember ist der Tag vor der ersten Rauhnacht. Du kannst ihn nutzen, um die magische Zeit der zwölf Nächte sanft einzuläuten und bist eingeladen, einen Rückblick auf dein Jahr zu wagen. Wenn du Weihnachten feierst und heute zu viel zu tun hast, ist das auch völlig okay. Setze dich nicht unter Druck und sei sanft mit dir selbst.

Ich lasse Druck und Stress los
und wähle stattdessen Ruhe und Gelassenheit.

Ganz gleich, ob du Weihnachten feierst oder nicht, erinnere dich daran, dass es nicht nur um perfekte Geschenke und Dekorationen geht, sondern um die Liebe und die Verbundenheit mit den Menschen, die dir wichtig sind. Nimm dir bewusst Zeit für gemeinsame Momente, sei es beim Essen, Singen oder einfach nur im Gespräch. Diese Augenblicke stärken die Bindungen und füllen dein Herz mit Wärme und Liebe. Akzeptiere, dass nicht alles perfekt sein muss. Kleine Pannen oder unerwartete Änderungen gehören zum Leben dazu und machen es einzigartig. Anstatt dich über das Unvorhergesehene zu ärgern, nimm es an und finde das Schöne im Unperfekten. Diese Haltung erleichtert dir den Umgang mit stressigen Situationen und bewahrt deine innere Ruhe.

Inspirationsfragen

Welche schönen Momente sind dir in diesem Jahr widerfahren
und was hat dich begeistert?
Wofür bist du dankbar?
Was hat dich herausgefordert und was lernst du daraus?
Was konntest du zu Ende bringen und was ist noch offen?
Was braucht es, um es loslassen zu können?

Meditation (7:04 min)

Du bist eingeladen, dich auf deine ganz persönliche Reise durch das vergangene Jahr zu begeben. Schaue dir einmal selbst zu, als wärest du eine Beobachterin. An welchem Ort bist du gerade? Was tust du hier? Ist jemand bei dir? Wie fühlst du dich? Lass diese Szene genau vor deinem inneren Auge entstehen und erlebe sie noch einmal ganz bewusst.

Vielleicht siehst du dich gerade und bist einfach überglücklich und fühlst dich sicher und geborgen. Vielleicht erlebst du dich in einem Moment, in dem du unglaublich stolz auf dich bist, weil dir etwas gelungen ist. Oder du bist dankbar für diesen Augenblick, den du gerade noch einmal durchlebst. Vielleicht zeigt sich dir auch ein Moment, der dich herausgefordert hat. Konntest du aus dieser Situation trotzdem Kraft gewinnen und wertvolle Erkenntnisse ziehen? Vielleicht ist es auch eine Sache, an der du noch festhältst. Was braucht es für dich, um einen Abschluss finden zu können und loszulassen? Lass dir Zeit bei deiner Beobachtung und begrüße alles, was sich dir zeigt, ganz ohne zu werten. Vertraue darauf, dass genau das Richtige zu dir kommt.

Kehre dann mit deiner Aufmerksamkeit zu deinem Atem zurück. Lass ihn bewusster werden und fange an, deinen Körper wieder aufzuwecken. Recke und strecke dich, mache die Bewegung, die dir jetzt intuitiv guttut und wenn du so weit bist, dann öffnest du deine Augen und kommst wieder im Hier und Jetzt an. Bedanke dich bei dir selbst, dass du dir diese wertvolle Zeit für dich selbst genommen hast.

Manifestation und Kreativität (ca. 10 min)

Intuitives Schreiben – So geht's
Lege dir Stift und dein Buch zurecht. Um ausreichend Platz zu haben, brauchst du vielleicht noch ein paar Extrazettel. Überlege dir vorher, wie lange du die Übung durchführen möchtest und stelle dir dann einen Timer. Lasse dir aber auf jeden Fall ein paar Minuten Zeit.

Schreibe einmal intuitiv auf, was du in der Meditation erfahren hast. Vielleicht setzt du auch hier beim Schreiben einen Fokus auf deinen Jahresrückblick. Wenn du mit dem Schreiben beginnst, tust du dies ohne Wertung. Hier ist es nicht die Aufgabe, poetische Sätze zu verfassen, vielmehr sollst du in eine Art Schreibfluss kommen. Wenn du angefangen hast zu schreiben, setze den Stift nicht mehr ab. Auch wenn du ins Stocken kommst, schreibe weiter. Du kannst an dieser Stelle auch genau das notieren, bis dir wieder ein neuer Gedanke kommt, den du festhalten möchtest.

Wenn die Zeit um ist, lege Stift und Zettel zur Seite. Nimm dir einen Moment und atme ganz bewusst. Wenn du merkst, dass du so weit bist, nimmst du den Zettel mit deinen Notizen noch einmal in die Hand. Lies dir durch, was du geschrieben hast und entwickle daraus ein Gedicht, dein Jahresabschlussgedicht. Dabei brauchst du nicht zu reimen, es sei denn, dir ist danach. Vielleicht nimmst du die fünf wichtigsten Worte, die dir im Gedächtnis bleiben und notiere sie dir. Hebe das Gedicht auf und wann immer dir danach ist, kannst du es dir noch einmal anschauen.

Dein Platz für „Intuitives Schreiben"

Dein Platz nur für dich

Innehalten und Reflektieren hat eine ganz besondere Kraft. Deshalb ist hier viel Platz für: Check-in, Journal, Orakel, Traum, Affirmation, Meditation, Gedanken, Fragen zur Inspiration, Manifestation und Kreativität. Alles ist auf dieser Seite möglich. Fülle sie und nutze deine niedergeschriebenen Worte als Wegweiser auf deiner Jahresreise zu dir selbst!

Die erste Rauhnacht

25. Dezember | Basis & Wurzeln

Wiederkehrende Rituale für deinen magische Rauhnacht

Monat im kommenden Jahr: Januar
Wiederkehrende Rituale: Meditation, 1. Wunsch verbrennen, Affirmation ziehen, Journaling, Orakeln, Manifestation & Kreativität, Date mit dir selbst planen
Positive Affirmation:

Meine Wurzeln geben mir Halt
und ich finde Stärke in meiner Basis.

Thematisch befasst sich die erste Rauhnacht mit den Themen Grundlagen, Wurzeln und Basis. Dein Fundament bildet die Grundlage, auf der weiteres Wachstum möglich ist. Deine Wurzeln, ob familiär, kulturell oder persönlich, geben dir Identität und Stabilität und sind der Ausgangspunkt für deine Entwicklung. Eine solide Basis ist unerlässlich, um in stürmischen Zeiten standhaft zu bleiben und langfristigen Erfolg zu haben. Indem du deine Wurzeln und deine Herkunft verstehst, kannst du deine Geschichte schätzen und fundierte Entscheidungen für unsere Zukunft treffen.

Inspirationsfragen

Welche Samen möchtest du für das neue Jahr säen?
Was möchtest du im neuen Jahr in die Welt bringen?
Was ist dir wichtig und wo möchtest
du deinen Fokus hinlenken?
Was gibt dir Stabilität und festigt dein Fundament?
Was möchtest du im alten Jahr lassen?
Was braucht es für dich, um einen Abschluss zu finden?

Meditation (10:01 min)

Spüre einmal zu deinen Sitzbeinhöckern hin und nimm die Verbindung zur Erde ganz bewusst wahr. Hier liegt dein Fundament. Spürst du, dass es ganz fest und stabil ist? Stelle dir doch einmal vor, dass aus dir heraus Wurzeln wachsen, die dich mit dem Erdreich fest verankern. Dein Wurzelwerk wächst und es entsteht ein stabiles Netz, das dich trägt. Vielleicht wachsen deine Wurzeln noch tiefer in die Erde hinein und du spürst ganz intuitiv, dass du hier ganz kraftvoll sein kannst. Egal, was passiert, deine Wurzeln und deine Stabilität sind da. Du wirst getragen, gehalten und gestützt von deinem Fundament. Von deiner sicheren Basis.

Mag sein, dass es da etwas gibt und du den Eindruck hast, dass es dich aus deiner Balance bringt. Etwas, das dir Kraft und Energie raubt. Vielleicht ist es ein Streit. Vielleicht ist es Druck und innere Unruhe. Vielleicht sind es Erwartungen, die an dich gestellt werden. Vielleicht ist es eine Beziehung, die dir nicht guttut oder aber ein Tätigkeitsbereich, der nicht mehr zu dir passt. Stell dir vor, wie unglaublich befreiend es ist, wenn du das, was dir nicht mehr dient, im alten Jahr lässt. Was braucht es für dich, um loszulassen, um frei zu werden, um bei dir selbst anzukommen?

Nimm dir einen Augenblick lang Zeit und nimm wahr, was sich dir zeigt. Lasse ein Bild von dir selbst entstehen und begib dich in die Rolle einer Beobachterin/ eines Beobachters. Was nährt dein Fundament? Was lässt deine Wurzeln noch besser wachsen? Welche Visionen und Träume hast du, die dich noch fester mit der Erde verankern und deine Basis stärken?

Halte einen Moment inne und stelle dir vor, dass egal, was im kommenden Jahr auf dich warten wird, deine Basis bestehen bleibt. Du bist fest verankert. Du bist sicher. Du bist genau richtig, so wie du bist!

Manifestation und Kreativität (ca. 15 min)

Du hast dein Fundament und deine Wurzeln entstehen lassen. Jetzt ist es vielleicht für dich der Augenblick, um hieraus ein Bild zu kreieren. Vielleicht malst du dich und dein Wurzelwerk, wie es sich mit der Erde verbindet. Wenn dir Worte wichtig sind, dir eine Farbe, Wünsche oder Träume oder etwas ganz anderes begegnet ist, dann beziehe genau das gerne in deine Zeichnung mit ein. Auch wenn du schon lange nicht mehr gemalt hast, nimm diesen Moment als Einladung an dich selbst wahr. Du malst für dich! Du wirst nicht beurteilt! Alles, was in deinem kreativen Gestaltungsprozess entsteht, ist nur für dich! Wenn es im neuen Jahr eine Begegnung gibt, du vor einer Herausforderung stehst oder das Gefühl hast, dass dich etwas aus der Bahn wirft, dann schau dir dein Wurzelbild an und hole dir deine Kraft zurück. Denn du kannst dir deine Kraft zu eigen machen und nichts kann dich erschüttern. In diesem selbstbestimmten Zustand kannst du deine Visionen verfolgen und verwirklichen.

Dein Platz nur für dich

Innehalten und Reflektieren hat eine ganz besondere Kraft. Deshalb ist hier viel Platz für: Check-in, Journal, Orakel, Traum, Affirmation, Meditation, Gedanken, Fragen zur Inspiration, Manifestation und Kreativität. Alles ist auf dieser Seite möglich. Fülle sie und nutze deine niedergeschriebenen Worte als Wegweiser auf deiner Jahresreise zu dir selbst!

Die zweite Rauhnacht

26. Dezember | Inneres Licht & Erwachen

Wiederkehrende Rituale für deinen magische Rauhnacht

Monat im kommenden Jahr: Februar
Wiederkehrende Rituale: Meditation, 2. Wunsch verbrennen, Affirmation ziehen, Journaling, Orakeln, Manifestation & Kreativität, Date mit dir selbst planen
Positive Affirmation:

Mein inneres Licht leuchtet hell
und führt mich sicher auf meinem Weg.

Das Licht kehrt zurück und vom 1. auf den 2. Februar wird mit der keltischen Lichtmess bzw. „Imbolc“ ein wichtiges Fest gefeiert. Das Licht bringt durch die kräftiger werdenden Sonnenstrahlen auch die Wärme mit und die Natur bereitet sich auf den Frühling vor. Gleichzeitig ist dieser Monat mit Fruchtbarkeit verbunden, denn die Erde wird das hervorbringen, was in ihr schlummert. Auch du hast deine Samen gesät und wartest vielleicht schon sehnsüchtig auf das Licht und die Wärme, die deinen Samen sanft streicheln und ihm sagen, dass es Zeit ist, wachsen zu dürfen. Du darfst dich heute mit deinem ganz eigenen inneren Licht verbinden, denn du bist Licht. Es strahlt und leuchtet. Es wärmt und schützt dich.

Inspirationsfragen

Was darf noch gelöst werden?
Was gibt dir Kraft?
Was bringt dein inneres Licht zum Leuchten?
Was sind deine Ziele im neuen Jahr?
Welche Menschen dürfen in dein Leben kommen oder
wen möchtest du wieder öfter kontaktieren?

Meditation (11:48 min)

Wenn du dir heute Zeit für eine Meditation nimmst, dann darfst du schauen, welche Kräfte dich begleiten können. Was darf dich im neuen Jahr unterstützen?

- Tiere
- Bäume
- Orte
- Farben
- Düfte
- Affirmationen
- Visualisierungen

Stelle dir vor, du sitzt in der Mitte eines Kreises und bist umgeben von Licht. Vielleicht sind es Kerzen, die um dich herum stehen oder aber das helle und wärmende Sonnenlicht umgibt dich. Du siehst dich in deinem Licht hier an dem Ort sitzen, an dem du dich ganz und gar sicher und wohlfühlst.

Stelle dir vor, dass dein Licht erstrahlt, denn du bist Licht. Es fließt durch deinen ganzen Körper, von deiner Krone bis hin zu deinen Zehen. Es erfüllt deinen

deinen ganzen Körper und du strahlst und bist einfach nur wunderschön. Auch dein Herz leuchtet. Mit jedem Atemzug strahlt es mehr.

Nimmst du die Wärme wahr? Alles, was dich noch beschwert, alles, was alt ist, darfst du nun einmal ganz bewusst hinter dir lassen. Gib es mit dem nächsten Ausatmen einfach an die Erde ab. So ganz befreit, kannst du spüren, wie Leichtigkeit deinen Körper durchströmt. Völlige Leichtigkeit! Ein unbeschreiblich gutes Gefühl!

Frage dich jetzt, was deine Vision für das nächste Jahr ist. Was sind deine Ziele und Wünsche? Was gibt dir die Kraft, um das zu erreichen, was du dir schon so lange wünscht? Vielleicht begegnet dir dein Krafttier oder eine Pflanze, die dir besonders am Herzen liegt. Vielleicht ist es dein ganz persönlicher Kraftort, der dich unterstützen kann. Oder auch eine Farbe oder ein Duft. Was auch immer es ist, du darfst es dir nun nehmen. Und du merkst, wie die Kraft, der Tatendrang und auch die Kreativität, die dich dazu befähigen, deine Vision umsetzen zu können, zu dir kommen.

Sieh nur, jetzt hast du alles, was es braucht, um das in die Welt zu bringen, was du wirklich möchtest. Du bist deiner Essenz ganz nahe und du weißt, dass es dein Weg ist, den du beschreiten wirst. Sicherheit, Mut, Vertrauen und Entschlossenheit säumen ihn und auch in schweren Zeiten, in denen du vielleicht ins Zweifeln gerätst und vom Weg abkommst, weist dir dein inneres Licht die Richtung.

Nun bist du da. Du siehst dich und blickst auf das, was du geschaffen hast. Du bist zufrieden und glücklich und du spürst, dass es richtig war, loszugehen. Du hast es geschafft. Alles, was du erreichen wolltest, hast du erreicht. Du weißt, dass du alles schaffen kannst und schaffen wirst. Dein Licht, es leuchtet und wird mit jedem Atemzug größer. Du strahlst und leuchtest aus deinem Inneren heraus!

Du hast den Samen deiner Vision gepflanzt und aus deinem Samen darf eine Pflanze wachsen. Du wirst sie hegen und pflegen und ihr alles geben, was sie braucht, um optimal wachsen zu können: dein Licht, deine Wärme. Sieh deiner Pflanze einmal zu, wie sie von einem winzigen Samen zu einem Keimling wird und sich schließlich zu einer prächtigen Pflanze mit Wurzeln und stabilen Stängel heranwächst. Schau nur, sie hat Knospen, die durch dein Licht zu den farbenprächtigsten Blüten voller Duft werden.

Manifestation und Kreativität (ca. 30 min)

Dein Lichtritual
Heute darfst du die Rückkehr des Lichtes mit einem Ritual feiern. Es ist ein Lichtritual, in dem du deine Visionen und Wünsche einlädst und sie gleichzeitig manifestierst. Mit dieser Einladung an deine Kreativität und deine Schaffenskraft kannst du deine Ziele für das nächste Jahr kreieren. Das Lichtritual kann sehr kraftvoll sein und du darfst dir hierfür ausreichend Zeit nehmen.

Das brauchst du

- Teelichter, Kerzen
- weiße Blumen, die Licht symbolisieren
- Stift, Zettel, Glitzer
- Kissen
- Musik
- Räucherwerk/Duft
- helle Anziehsachen

Wenn du möchtest, dann ziehe dich in leuchtenden Farben an und lege einen Kreis aus Kerzen auf den Boden. Du kannst ihn weiter gestalten, indem du Blumen mit einbeziehst, um ihn zu schmücken. Lege gerne ein Kissen in die Mitte des Kreises. Vielleicht hast du auch einen Duft oder ein Räucherwerk, was dich bei deinem Lichtritual unterstützen kann. Um dich einzustimmen, bist du eingeladen, deine Lieblingsmusik einzuschalten und zu den Klängen ausgiebig um deinen Kreis zu tanzen. Tanzen lässt dich in deinem Körper ankommen und dich spüren! Du verbindest dich mit dir selbst und kommst deiner Intuition ganz nahe. Wenn du merkst, dass du bereit bist, dann setze dich auf dein Kissen in der Mitte des Kreises. Schließe deine Augen und verbinde dich mit deinem inneren Licht. Spüre in dich hinein. Welche Vision möchtest du in die Welt bringen? Was bringt dir Kraft, um deine Projekte in die Tat umzusetzen?

Dein Platz nur für dich

Innehalten und Reflektieren hat eine ganz besondere Kraft. Deshalb ist hier viel Platz für: Check-in, Journal, Orakel, Traum, Affirmation, Meditation, Gedanken, Fragen zur Inspiration, Manifestation und Kreativität. Alles ist auf dieser Seite möglich. Fülle sie und nutze deine niedergeschriebenen Worte als Wegweiser auf deiner Jahresreise zu dir selbst!

Die dritte Rauhnacht

27. Dezember | Wünsche & Herz

Wiederkehrende Rituale für deinen magische Rauhnacht

Monat im kommenden Jahr: März
Wiederkehrende Rituale: Meditation, 3. Wunsch verbrennen, Affirmation ziehen, Journaling, Orakeln, Manifestation & Kreativität, Date mit dir selbst planen
Positive Affirmation:

Ich folge dem Ruf meines Herzens
und entdecke in jedem Aufbruch wunderbare Neuanfänge.

Heute bist du eingeladen, dich mit deinem Herzen zu verbinden. Auf dein Herz zu hören fördert authentische Entscheidungen, die im Einklang mit deinen eigenen Werten und Bedürfnissen stehen. Es hilft dir, tiefere Erfüllung und Zufriedenheit im Leben zu finden, da du so den eigenen Leidenschaften und Träumen folgst. Dein Herz, es darf sich weit öffnen für deine Herzensangelegenheiten. Dabei dürfen Wunder geschehen, denn wenn du empfängst, bist du bereit, Neues entstehen zu lassen. Vielleicht tut dir heute neben der Herzmeditation auch eine herzöffnende Yin Yoga Session gut. So kannst du noch intensiver in diesem Bereich deines Körpers ankommen und auf Tuchfühlung zu deinen sehnlichsten Wünschen gehen.

Inspirationsfragen

Was erfüllt dich?
Was ist dein Herzensprojekt?
Was ist dein sehnlichster Wunsch?
Was tust du wirklich gerne?
Welche Lebewesen liegen dir am Herzen?
Wonach sehnst du dich?

Meditation (10:54 min)

Komm in deine ganz persönliche Meditationshaltung. Richte dich auf und nimm dich einmal in deiner vollen Größe wahr. Du hast deinen Samen gesät, Licht und Wärme streicheln ihn und nun ist die Zeit gekommen, dass du dein Herz für den Neubeginn öffnen darfst. Wenn du möchtest, dann kannst du deinen Herzraum weit werden lassen. Schiebe dafür dein Brustbein in Richtung Himmel und nimm die Weite in deiner Brust wahr.

Dein Herz, es darf sich öffnen. Dein Herz versorgt dich mit allem, was du brauchst. Dein Herz darf erfüllt sein von Leichtigkeit, Achtsamkeit und Liebe. Du darfst es leuchten lassen. Du darfst es strahlen lassen. Es darf dir Wärme spenden, Kraft und Trost geben.

So weit geöffnet, kannst du deine Herzenswünsche empfangen. Was zeigt sich dir, wenn du einen Moment lang innehältst? Vielleicht ist es ein Wunsch, den du schon lange in dir trägst. Vielleicht ist es eine Vision, die du in diesem Moment ganz präsent wahrnimmst. Oder aber es ist ein Herzensmensch, den du in dein Leben einladen möchtest. Vielleicht ist es auch eine tiefe

Sehnsucht, die sich dir gerade jetzt offenbart. Mag sein, dass du deinem Herzen auch eine Frage stellen möchtest. Ganz egal, was es ist, du kannst darauf vertrauen, dass das Richtige zu dir kommt. Auch wenn du nichts wahrnimmst, dann ist das auch völlig okay. Verweile einen Augenblick lang in Stille und lausche deinem Herzen.

Du hast deinem Herzen zugehört, es wahrgenommen und ihm deine volle Aufmerksamkeit geschenkt. Reibe nun deine Hände ganz kräftig aneinander, sodass du Wärme wahrnehmen kannst und lege sie auf dein Herz. Verbinde dich mit ihm. Kannst du die Weite spüren? Die Wärme? Die Liebe? Dieses angenehme Gefühl, das du jetzt vielleicht gerade wahrnimmst, kannst du größer und größer werden lassen. Mit jedem Atemzug breitet es sich mehr in dir aus, bis dein ganzer Körper davon durchflutet ist. Dein Herz leuchtet. Du leuchtest. Nimm dir einen Augenblick lang Zeit und speichere dieses wunderbare Gefühl deines Herzens in dir ab. Es kann dein Anker sein, auf den du immer zurückgreifen kannst, wenn du dich von deiner Herzensvision zu entfernen scheinst. Genieße dein Herz und dich für einen Moment.

Verabschiede dich dann in Gedanken von deinen Bildern, Gefühlen oder Erlebnissen, die du gerade gemacht hast. Verbeuge dich in tiefer Dankbarkeit vor dir selbst, dass du dir heute dieses Geschenk gemacht hast und dir die Zeit für dich genommen hast. Dein Herz, es schlägt rhythmisch und kraftvoll und du nimmst diese Kraft mit in deinen Tag.

Mein Herz darf erfüllt sein von Leichtigkeit,
Achtsamkeit und Liebe.
Ich darf es leuchten lassen.

Manifestation und Kreativität (60-90 min)

Damit du deine Herzensangelegenheiten über das Jahr immer vor Augen hast, kannst du nun ein Vision Board gestalten.

Das brauchst du

- viele alte Zeitschriften und Magazine
- Fotos
- Papier in verschiedenen Formaten und unterschiedlicher Dicke
- Schere, Kleber
- verschiedene Stifte (Buntstifte, Fineliner, Eddings, Textmarker)
- Maskingtape, Glitzer
- evtl. eine Bastelunterlage
- Musik

Dein Vision Board dient dazu, deine Herzensangelegenheit auf Papier zu bringen und diese zu manifestieren. Nach der Meditation kannst du die bereit gelegten Zeitschriften durchblättern. Ist eine Illustration oder auch ein Wort dabei, was zu deiner Herzensangelegenheit passt, dann kannst du es ausschneiden.

Die ausgeschnittenen Einzelteile werden von dir gesammelt und im Anschluss auf dem Papier angeordnet und aufgeklebt. Anschließend kann das Vision Board noch ergänzt oder aber gestalterisch mit der Hand verschönert werden. Wenn du möchtest, kannst du während des Bastelns Musik laufen lassen.

Dein Vision Board kann dein Anker sein. Platziere es deshalb an einer gut sichtbaren Stelle, an der du mehrmals am Tag vorbeikommst. So erinnert es dich sanft daran, deinem Herzen zu folgen.

Ein Vision Board ist niemals fertig. Du kannst es zu jeder Zeit ergänzen, abändern oder es an einen anderen Platz hängen. Gib dich dem Prozess hin und lass dich auch hier von deinem Herzen leiten.

Dein Platz nur für dich

Innehalten und Reflektieren hat eine ganz besondere Kraft. Deshalb ist hier viel Platz für: Check-in, Journal, Orakel, Traum, Affirmation, Meditation, Gedanken, Fragen zur Inspiration, Manifestation und Kreativität. Alles ist auf dieser Seite möglich. Fülle sie und nutze deine niedergeschriebenen Worte als Wegweiser auf deiner Jahresreise zu dir selbst!

Die vierte Rauhnacht

28. Dezember | Zuversicht & Mut

Wiederkehrende Rituale für deinen magische Rauhnacht

Monat im kommenden Jahr: April
Wiederkehrende Rituale: Meditation, 4. Wunsch verbrennen, Affirmation ziehen, Journaling, Orakeln, Manifestation & Kreativität, Date mit dir selbst planen
Positive Affirmation:

Mit Zuversicht und Mut
meistere ich jede Herausforderung.

Du hast Energie, bist aktiv, voller Tatendrang und Zuversicht. Du spürst, dass du alles schaffen kannst, und fühlst dich gut. Neue Projekte dürfen entstehen und in die Welt gebracht werden und du merkst, dass du bereit bist, die Initiative zu ergreifen. Der Mut, für seine Visionen loszugehen, erfordert Vertrauen in dich selbst und die Bereitschaft, auch Ungewissheiten und Herausforderungen anzunehmen. Es bedeutet, den eigenen Weg zu verfolgen und an die Möglichkeit zu glauben, etwas Bedeutendes zu schaffen, selbst wenn der Ausgang ungewiss ist. Dieser Mut ist der Schlüssel, um die eigenen Träume zu verwirklichen und das Leben authentisch zu gestalten. Du hast diesen Mut in dir. Wie wunderbar!

Inspirationsfragen

Welches Ziel möchte ich mutig angehen?
Welche Herausforderung birgt eine Chance für Wachstum?
Wo kann ich heute die Initiative ergreifen?
Wie stärke ich mein Vertrauen in mich selbst?
Welchen kleinen Schritt kann ich jetzt machen?

Meditation (ca. 11:06 min)

Nimm dir einmal Zeit und frage dich, was dir Energie raubt. Ist es dein Job? Dein Handy? Die Care-Arbeit? Eine Beziehung zu einer anderen Person, die dir Energie zieht und dich auslaugt? Vielleicht auch ein altes Muster, ein Glaubenssatz, der dir nicht mehr dienlich ist? Oder aber es ist dein Körper, mit dem du unzufrieden bist? Ein ungeklärter Konflikt? Vielleicht ist es eine Situation, die dich triggert. Etwas, wogegen du ankämpfst? Vielleicht ist es auch etwas ganz anderes. Überlege einen Augenblick lang und wähle dann zügig deine ganz persönlichen Energieräuber aus.

Nun bist du eingeladen, dir einmal deinen Energieräuber als Person vorzustellen. Wie würde sie aussehen? Wie groß ist sie? Wie würde sie dich anschauen? Sagt sie vielleicht etwas zu dir? Was macht sie vielleicht auch gerade? Sieh deinem Energieräuber einmal eine Weile lang zu.

Vielleicht hast du jetzt genau in diesem Moment den Impuls, deinen Energieräuber direkt anzusehen. Du kannst mit ihm sprechen, wenn du möchtest. Nutze die Gelegenheit, denn sie bietet sich dir jetzt.

Sage ihm: „Du bist mein Energieräuber. Ich bin mir dessen voll und ganz bewusst. Und heute hole ich mir meine Energie von dir zurück!"

Es ist ganz einfach. Du siehst deinen Energieräuber, wie er kleiner wird und blasser, immer kleiner und immer blasser. Nun ist er so klein, sieh nur. Wie eine Spielfigur, die du in die Hand nehmen kannst. Und genau das tust du jetzt auch. Wie fühlt er sich jetzt an?

Kannst du deinen Energieräuber auch wertschätzen? Vielleicht magst du dich bedanken bei ihm, dass er sich dir hier heute gezeigt hat. Du kannst ihn anerkennen dafür, dass er in deinem Leben ist und eine Rolle hat. Vielleicht kannst du sehen, dass diese Rolle wichtig ist. Du kannst entscheiden, wie viel Bedeutung du ihm geben möchtest. Du hast es in der Hand.

Vielleicht entscheidest du dich hier und heute dafür, ihn in eine Schublade zu legen. Eine Schublade, die man verschließen kann. Mag sein, dass du ihn in ein Regal stellst. Es kann auch sein, dass du ihn an einen gut sichtbaren Ort stellen möchtest, wo du ihn häufig siehst und dich an ihn erinnerst. Oder aber er hat seinen Platz ganz woanders. Es kommt auf dich an. Du kannst entscheiden.

Wenn du einen Platz für deinen Zeiträuber gefunden hast, dann bist du vielleicht bereit, dir selbst ein Versprechen zu geben, das Versprechen, dass du gut auf dich selbst achtest und deinen Energieräuber erkennst, wenn er seine volle Größe wiedererlangen will. Du bist dir in diesem Moment voll und ganz darüber bewusst, dass du zu jeder Zeit in der Lage bist, eine gute Entscheidung für dich selbst zu treffen, eine Entscheidung, die nur dir dient und dich stärkt und deinen Energieräuber klein hält, wenn du dafür bereit bist.

Jetzt merkst du, wie du deine Energie zurückerhalten hast. Du fühlst dich einfach kraftvoll, selbstbestimmt, leicht und voller Tatendrang. So gestärkt weißt du, dass du alles erreichen kannst. Du siehst dich losgehen, für deine Vision. Du kannst so stolz auf dich sein!

Manifestation und Kreativität

In deiner Meditation bist du deinem Energieräuber begegnet. Vielleicht ist dabei sogar ein konkretes Bild in dir entstanden. Jetzt hast du die Möglichkeit, dieses Bild auf Papier zu bringen und deinen Energieräuber real zu malen. Alternativ kannst du auch einen Gegenstand wählen, der symbolisch für deinen Energieräuber steht.

Mit dem Bild oder Gegenstand kannst du nun liebevoll in Kontakt treten. Denn es geht nicht in erster Linie darum, deinen Energieräuber aus deinem Leben zu verbannen, sondern ihn bewusst wahrzunehmen. Immer, wenn er sich wieder bemerkbar macht, kannst du ihn wertschätzen und anschließend wieder an seinen Platz zurücklegen.

Es ist auch möglich, mit deinem Energieräuber zu kommunizieren. Du kannst ihm mitteilen, dass du ihn siehst, aber im Moment keine Lust auf ihn hast. Dieser neue Umgang könnte deinen Blickwinkel verändern – vielleicht reagiert sogar dein Energieräuber darauf.

Dein Bild darf hier entstehen

Dein Platz nur für dich

Innehalten und Reflektieren hat eine ganz besondere Kraft. Deshalb ist hier viel Platz für: Check-in, Journal, Orakel, Traum, Affirmation, Meditation, Gedanken, Fragen zur Inspiration, Manifestation und Kreativität. Alles ist auf dieser Seite möglich. Fülle sie und nutze deine niedergeschriebenen Worte als Wegweiser auf deiner Jahresreise zu dir selbst!

Die fünfte Rauhnacht

29. Dezember | Selbstliebe & Freundschaft

Wiederkehrende Rituale für deinen magische Rauhnacht

Monat im kommenden Jahr: Mai
Wiederkehrende Rituale: Meditation, 5. Wunsch verbrennen, Affirmation ziehen, Journaling, Orakeln, Manifestation & Kreativität, Date mit dir selbst planen
Positive Affirmation:

Ich schätze und liebe mich selbst bedingungslos
und meine Freundschaften sind geprägt
von gegenseitiger Wertschätzung und Respekt.

Der Frühling ist da und mit ihm die Blüte und Fülle. Es ist die Zeit der Freude und des Glücks. Vielleicht spürst du genau das, wenn du in diesem Moment an den Monat Mai denkst, für den diese Rauhnacht steht. Das heutige Thema ist Selbstliebe und Freundschaft. Du darfst also Liebe zu den Menschen empfinden, die dir am Herzen liegen und genauso zu dir selbst. Mag sein, dass dir das nicht leicht fällt und du oft an dir zweifelst und negative innere Dialoge über dich selbst führst. Dann ist dieser Tag der Richtige, um genau das einmal bewusst wahrzunehmen und wenn du dazu bereit bist, es zu unterbrechen.

Inspirationsfragen

Wer sind deine Freund:innen? Wer sind deine Gefährt:innen?
Wer tut dir gut?
Wie kannst du „Ja“ zu dir sagen?
Was brauchst du, um dich selbst zu lieben und anzunehmen,
so wie du bist?

Meditation (14:15 min)

Du bist herzlich eingeladen, dir aus den folgenden Sätzen einen für dich passenden auszuwählen. Dabei kannst du ganz intuitiv sein. Vielleicht zeigt sich dir auch ein ganz anderer Satz, der sich für dich hier und heute stimmiger anfühlt. Dann kannst du auch gerne diesen Satz verwenden und ihn auf dich wirken lassen oder im Geiste wiederholen. Wähle zügig und vertraue darauf, dass sich die Worte für dich zeigen.

Ich bin genauso richtig, wie ich bin.
Ich werde geliebt.
Ich bin wertvoll.
Ich bin genug.
Ich nehme meine Schatten- und Lichtseiten an und respektiere sie.
Ich vergebe mir.
Ich sage „Ja“ zu mir selbst.

Wenn du deinen Satz festgelegt hast, dann wiederhole ihn für einige Momente in Stille. Wenn du merkst, dass deine Gedanken abschweifen, dann nimm dies wahr, ohne es zu bewerten. Kehre zuerst mit deiner Aufmerksamkeit zu deinem Atem zurück und fokussiere dich schließlich wieder voll und ganz auf deinen Satz.

Auch wenn es für dich eine Herausforderung ist oder du dich sehr weit von dir entfernt fühlst, dann nimm das genau so wahr. Es ist vollkommen in Ordnung, so zu fühlen. Manchmal braucht es Zeit, um sich selbst und den Schatz zu erkennen, der man selbst ist.
Vielleicht verspürst du den Impuls, dich selbst in den Arm zu nehmen, dich zu halten und zu wiegen und dir die Liebe zu schenken, die du verdienst. Denn du bist ein wunderbares Wesen, einzigartig und perfekt wie du bist. Nimm dir einen Augenblick lang Zeit für diesen innigen Moment mit dir selbst.

Nun kannst du in Gedanken zu den Menschen reisen, die dich ebenfalls so akzeptieren, wie du bist; Menschen, die einen Platz in deinem Herzen haben und bei denen du Leichtigkeit, Licht oder auch Liebe wahrnimmst; Menschen, mit denen du ehrliche, verbindende Begegnungen auf Augenhöhe erlebst, ohne bewertet und verurteilt zu werden. Versammle diese Menschen vor deinem inneren Auge und um dich herum. Vielleicht bilden sie einen Kreis um dich und du stehst im Mittelpunkt. Vielleicht bist du aber auch im Kreis und ein Teil davon. Wie auch immer es sich für dich zeigt, sei für einen Augenblick ganz präsent umgeben von den Herzensmenschen, die du in deinem Leben hast und genieße dieses Gefühl.

Wenn du möchtest, dann gibst du in diesem Moment deine Liebe an sie weiter. Du kannst dir hierfür vorstellen, dass du selbst eine brennende Kerze in den Händen hältst. Licht, Wärme und Liebe gehen von ihrem angenehmen Schein aus. Alle Menschen, die du um dich versammelt hast, tragen ebenfalls eine Kerze in den Händen, die noch nicht entflammt ist. Nun kannst du von Mensch zu Mensch gehen und die jeweilige Kerze mit deiner entzünden. Sieh nur, wie viel Strahlen und Leuchten entsteht. Ausgehend von deiner Liebe, die du weitergibst. Nimm dir einen Augenblick lang Zeit, bis du bei jeder Person gewesen bist und dann betrachte das Werk, das ihr gemeinsam geschaffen habt: einen Raum voller Licht, Wärme, Verbindung und Liebe. Du bist gehalten und umhüllt davon. Ihr seid gehalten und umhüllt davon, vollkommen sicher und geschützt. Genieße diesen einzigartigen Moment der Liebe und des Friedens mit all deinen Herzensmenschen für ein paar Atemzüge!

Erinnere dich daran, dass du dir die Liebe zu dir und die Verbindung zu anderen Menschen immer schenken kannst, egal wann und egal wo. Bedanke dich anerkennend bei dir selbst, dass du dir heute die Zeit für diese Meditation genommen hast und schenke dir selbst ein liebevolles Lächeln.

Affirmationen

Ich bin genauso richtig, wie ich bin.
Ich werde geliebt.
Ich bin wertvoll.
Ich bin genug.
Ich nehme meine Schatten- und Lichtseiten an und respektiere sie.
Ich vergebe mir.
Ich sage „Ja" zu mir selbst.

Manifestation und Kreativität (10 min)

Mit welchem Kraftsatz aus der Meditation fühlst du dich am meisten verbunden? Nimm dir genau diesen Kraftsatz und stelle daraus eine Affirmationskarte her. Stelle oder hänge sie an einen Ort in deinem Zuhause, wo du sie regelmäßig siehst. Alternativ kannst du sie auch in dein Portemonnaie legen oder aber als Lesezeichen verwenden. Durch das wiederholte Anschauen und bewusst werden, holst du das in dein Leben, was du anziehen möchtest. Wenn du fertig bist, dann fotografiere sie mit deinem Handy ab und richte sie dir als Hintergrundbildschirm ein. So holst du deinen ganz individuellen Kraftsatz noch einmal mehr in dein Leben.

Nimm doch heute Kontakt zu einem Herzensmenschen von dir auf und teile ihm mit, wie wichtig er in deinem Leben ist. Wertschätze ihn für sein Sein und danke ihm, dass er in deinem Leben ist.

Vergebung-Ritual

Dieses Ritual hilft dir, zwischenmenschliche Konflikte genauer zu betrachten und inneren Frieden zu finden, indem du anderen und dir selbst vergibst. Wiederhole es, so oft es nötig ist, um loszulassen und zu heilen.

Vorbereitung:

- Nimm zwei Blatt Papier und einen Stift.
- Setze dich an einem ruhigen und ungestörten Ort bequem hin und schließe für einen Moment die Augen. Atme tief ein und aus, um dich zu entspannen.

Erster Zettel:

- Nimm das erste Blatt Papier und schreibe die Namen der Menschen auf, von denen du glaubst, dass du sie verletzt hast. Wenn du möchtest, schreibe kurze Stichpunkte oder Sätze dazu, was genau geschehen ist und warum du glaubst, dass du ihnen wehgetan hast.

Zweiter Zettel:

- Nimm das zweite Blatt Papier und schreibe die Namen der Menschen auf, die dich verletzt haben. Ergänze auch hier kurze Notizen darüber, was geschehen ist und wie du dich dabei gefühlt hast.

Reflexion:

- Lies beide Zettel sorgfältig durch und spüre die Emotionen, die in dir aufkommen. Lasse Gefühle zu, ohne sie zu bewerten. Wenn Tränen kommen, lass sie fließen.
- Nimm dir Zeit, um zu reflektieren und dich auf die kommende Vergebung vorzubereiten.

Vergebung:

- Halte den ersten Zettel in der Hand und sage laut oder in Gedanken: „Ich vergebe mir selbst, dass ich dich, (Name) verletzt habe. Ich bitte dich um Vergebung."
- Halte den zweiten Zettel in der Hand und sage: „Ich vergebe dir, (Name), dass du mich verletzt hast. Ich lasse den Schmerz und den Groll los."

Loslassen:

- Zerreiße beide Zettel in kleine Stücke. Mit jedem Stück, das du zerreißt, stelle dir vor, wie du die negativen Emotionen loslässt und Akzeptanz und Vergebung sich in dir breit macht.Du kannst die zerrissenen Zettel entweder vergraben, verbrennen oder in einem fließenden Gewässer loslassen, um symbolisch zu zeigen, dass du die Vergangenheit hinter dir lässt.

Abschluss:

- Schließe kurz die Augen und atme tief ein und aus.Spüre die Erleichterung und den inneren Frieden, der durch das Loslassen entsteht. Öffne dann deine Augen.

Dein Platz nur für dich

Innehalten und Reflektieren hat eine ganz besondere Kraft. Deshalb ist hier viel Platz für: Check-in, Journal, Orakel, Traum, Affirmation, Meditation, Gedanken, Fragen zur Inspiration, Manifestation und Kreativität. Alles ist auf dieser Seite möglich. Fülle sie und nutze deine niedergeschriebenen Worte als Wegweiser auf deiner Jahresreise zu dir selbst!

Die sechste Rauhnacht

30. Dezember | Licht & Schatten

Wiederkehrende Rituale für deinen magische Rauhnacht

Monat im kommenden Jahr: Juni
Wiederkehrende Rituale: Meditation, 6. Wunsch verbrennen, Affirmation ziehen, Journaling, Orakeln, Manifestation & Kreativität, Date mit dir selbst planen
Positive Affirmation:

Ich umarme sowohl das Licht als auch die Dunkelheit in mir mit Akzeptanz, Liebe und Mitgefühl.

Es ist der Übergang vom Frühling zum Sommer und die Sommersonnenwende steht diesen Monat an. Licht und Schatten gehören zusammen. Licht und Dunkelheit begegnen sich zyklisch und reichen sich die Hand – auch in dir. Die Schattenseiten wahrzunehmen und zu umarmen ist manchmal ein Prozess, der schmerzhaft sein kann. Aber es verbirgt sich darin ein unglaubliches Potenzial und die Chance, daran zu wachsen. An dieser Stelle brauchst du nicht bewerten, was gut oder schlecht ist, sondern es geht darum, wahrzunehmen und Dinge zu akzeptieren und damit zu integrieren. Alles, was du bist, hat seine Berechtigung und jede Seite von dir ist wunderschön!

Inspirationsfragen

Was darfst du loslassen?
Wovon möchtest du dich trennen?
Was braucht noch einen Abschluss?
Was ist noch nicht vergeben?
Welche Schattenseiten nimmst du wahr
und was braucht es, um sie zu umarmen?

Meditation

Stelle dir einmal vor, du sitzt auf einer wunderschönen Lichtung. Genau in der Mitte nimmst du deinen Platz ein und du fühlst dich hier unglaublich wohl. Es ist ein einladender Ort, an dem du so sein kannst, wie du bist.

Du sitzt hier und genießt es, dass die Sonne auf dich scheint. Dein Gesicht reckst du ihr entgegen und auch dein Körper ist vollkommen umschlungen von dich wärmenden Sonnenstrahlen. Du fühlst dich geborgen, du fühlst dich ganz und gar sicher. Wie von selbst nimmst du in diesem Moment deine Lichtseiten wahr. Dein Licht, es strahlt und leuchtet so intensiv, so kraftvoll.
Frage dich einmal selbst, wofür du dich selbst wertschätzt. Welche Eigenschaften hast du, die dich ausmachen und für die du selbst nur Bewunderung übrig hast? In welchen Momenten fühlst du dich dir ganz nah, weil du zu dir selbst stehst und ja sagst? Wann bist du mutig, kraftvoll, selbstbewusst, stark oder gut gelaunt? Du nimmst dir einen Augenblick lang Zeit und badest im Sonnenlicht – und auch in deinem ganz eigenen Licht.

Nun bemerkst du, dass sich dichte Wolken vor die Sonne schieben. Schatten umgeben dich. Ja, fast schon Dunkelheit und auch Kühle breiten sich in dir aus. Du sitzt hier und vielleicht hast du den Impuls aufzustehen und einfach davonzugehen, weil es sich nicht mehr komfortabel anfühlt. Doch anstatt wegzulaufen, nimmst du diesen Augenblick als ein Geschenk und eine Chance zugleich wahr. Und in dem Moment der Akzeptanz passiert etwas mit dir. Du möchtest auf einmal genau hier sitzen bleiben und neugierig auf Entdeckungsreise gehen, was sich dir in der Dunkelheit zeigt. Beobachte dich selbst und frage dich, was deine Schattenseiten sind. Welche Eigenschaften hast du vielleicht in dir, die du selbst ablehnst. Was verbietest du dir oder wo nimmst du auch Mangel wahr? Gibt es etwas, was du dir oder anderen vergeben möchtest? Lasse dir einen Augenblick lang Zeit und nimm einfach wahr, was sich dir jetzt zeigen möchte.

Nun wechseln sich Wolken und Sonne ab. Du sitzt hier auf deiner Lichtung und spürst, dass es okay ist, so wie es eben ist. Genauso, wie du selbst genau richtig bist. Mit deinen ganz eigenen Licht- und Schattenseiten bist du dieser Mensch, der dich ausmacht. Vielleicht hast du den Impuls, dir zu vergeben, dich in den Arm zu nehmen und voller Liebe und Anerkennung hin und her zu schaukeln. In diesem Moment liegt ein unglaublicher Frieden, den du wahrnehmen kannst, vielleicht als eine Farbe. Vielleicht spürst du Wärme in einer Körperregion oder nimmst es ganz anders wahr. Auch wenn du nichts wahrnehmen kannst, sei dir ganz sicher, dass der Frieden da ist. Er ist in dir! Du hältst inne und verweilst in diesem wunderschönen Moment auf deiner Lichtung, in dem du dir deiner Licht- und Schattenseiten bewusst wirst und dankbar bist für das, was du bist.

Manifestation und Kreativität (ca. 60 min)

Wenn du möchtest, darfst du heute einmal „Reine" machen und ein Reinigungsritual durchführen. Dabei kannst du deinen Fokus auf materielle Dinge richten. Verspürst du den Impuls aufzuräumen, dich von Altem zu trennen oder auch zu räuchern, dann ist heute ein guter Tag dafür. Du kannst so viel entrümpeln, wie es dir guttut. Vielleicht gehört auch dazu, dass du noch einmal aufschreibst, was du im alten Jahr lassen oder wovon du dich trennen möchtest.

Dein Platz nur für dich

Innehalten und Reflektieren hat eine ganz besondere Kraft. Deshalb ist hier viel Platz für: Check-in, Journal, Orakel, Traum, Affirmation, Meditation, Gedanken, Fragen zur Inspiration, Manifestation und Kreativität. Alles ist auf dieser Seite möglich. Fülle sie und nutze deine niedergeschriebenen Worte als Wegweiser auf deiner Jahresreise zu dir selbst!

Die siebte Rauhnacht

31. Dezember | Abschied & Neubeginn

Wiederkehrende Rituale für deinen magische Rauhnacht

Monat im kommenden Jahr: Juli
Wiederkehrende Rituale: Meditation, 7. Wunsch verbrennen, Affirmation ziehen, Journaling, Orakeln, Manifestation & Kreativität, Date mit dir selbst planen
Positive Affirmation:

Ich lasse Altes los
und begrüße Neues mit offenen Armen.

Wow, der letzte Tag im alten Jahr. Abschied und Neubeginn liegen so nah beieinander wie nie und reichen sich wie wohl vertraute Geschwister die Hand. Die 7. Rauhnacht steht für den Monat Juli. Ein Monat der Feste, der Wertschätzung und der Dankbarkeit. Heute darfst du dich ganz besonders für Neues öffnen und dich vorbereiten. Es ist genau die richtige Zeit, um dich mit deiner Seele zu verbinden und Gefühle zuzulassen. Dabei ist alles Willkommen, was sich dir zeigen möchte. Es gibt keine „guten" oder „schlechten" Emotionen. In diesem Zusammenhang will alles wahrgenommen, aber nicht bewertet werden. Gleichzeitig darfst du zu dir hin spüren und dich in deiner ganzen Fülle wahrnehmen.

Inspirationsfragen

Was möchtest du im alten Jahr lassen?
Wovon möchtest du dich verabschieden,
um Platz für Neues zu schaffen?
Welche Affirmation kann dich als Jahresmotto begleiten?
Welche Emotionen nimmst du wahr?

Meditation (11:15 min)

Stell dir vor, dass du in einer Badewanne liegst. Du bist umgeben von angenehm warmem Wasser, das dich sanft streichelt. Dein Wasser duftet so gut und du kannst dich hier voll und ganz fallen lassen. Du gibst alle Anspannung ab und lässt völlig los. Du liegst hier in deiner ganz persönlichen Wohlfühlbadewanne und bist ganz und gar entspannt – ein so angenehmer Zustand, den du genießt.

Hier in deinem geschützten Badekokon ist es ganz einfach, dir darüber bewusst zu werden, was du hier und heute loslassen willst. Sind es Sorgen und Ängste, negative Gedanken oder Gefühle, einschränkende Beziehungen oder Erwartungen? Vielleicht ist es auch eine Situation aus deinem Leben, mit der du Frieden schließen möchtest. Alles, was sich nicht gut und stimmig anfühlt, was dir nicht mehr dienlich ist, zeigt sich dir auf eine wundersame Weise. Ganz gleich, was sich dir gerade zeigt, du kannst es an das Badewasser abgeben.

Das Wasser, es umspült dich und nimmt all das von dir fort, was dich davon abhält, wirklich du selbst zu sein. Sie nur, das Wasser saugt alles auf, wasx du nicht mehr brauchst. Du merkst, wie einfach es dir fällt, dich von diesen Dingen zu lösen und wie unglaublich gut sich das anfühlt. Vielleicht hast du den Impuls, deinen Körper zu waschen und so noch festsitzende Gedanken oder Gefühle abzuwaschen. Dann folge diesem Impuls und gib dich dem hin.

Nun ist es an der Zeit, dass du dein Bad beenden kannst, denn du hast alles abgegeben, was du loslassen wolltest. Du stehst auf und lässt das Wasser ablaufen. Du siehst ihm dabei zu, wie es abfließt und alles mitnimmt. All das Verbrauchte und Alte wird mit dem Wasser weggespült. Du nimmst dich ganz im Hier und Jetzt wahr und du spürst, dass du leicht bist. Du bist leicht und du bist frei. Du bist bei dir angekommen und das ist ein unglaublich gutes Gefühl. Du betrachtest dich und deinen Körper und fühlst dich wie neugeboren. Du bist bereit für das neue Jahr mit all seinen Möglichkeiten.

Manifestation und Kreativität (20-60 min)

Gestern hast du dich vielleicht von einigen materiellen Dingen getrennt, in dem du aufgeräumt, umsortiert oder sauber gemacht hast. Nun geht es darum, dass du die Gelegenheit hast, deinem Körper einmal deine ganze Aufmerksamkeit zu schenken. Auch hier kann ein Reinigungsritual geschehen, welches symbolisch betrachtet werden kann. Natürlich kannst du auch heute noch Räuchern oder mit dem Aufräumen fortfahren, wenn noch etwas übrig geblieben ist, von dem du dich noch trennen möchtest.

Wenn du möchtest, darfst du heute noch einmal „reine" machen und ein Reinigungsritual durchführen. Verspürst du den Impuls aufzuräumen, dich von Altem zu trennen oder auch zu räuchern, dann ist heute ein guter Tag dafür.

Vielleicht magst du auch ein ausgiebiges Bad nehmen, denn in vielen Kulturen gibt es eine Jahrtausende alte Badekultur. Ein Bad zu nehmen, bedeutet nicht nur, sich körperlich zu reinigen, sondern du kannst auch symbolisch Altes und Verbrauchtes abwaschen. Durch das bewusste Eintauchen ins Wasser kannst du dir eine Auszeit gönnen und zur inneren Ruhe finden.

Anleitung für dein Bad

Nimm dir für dein Bad ausreichend Zeit. Vielleicht hast du eine Badeessenz oder getrocknete Blüten, die du ins Wasser geben möchtest. Vielleicht möchtest du Kerzen anzünden oder dir deine Lieblingsmusik anmachen. Alles ist erlaubt, denn du bist es dir wert, dir diese Zeit für dich zu schenken.

Wenn du keine Badewanne hast, dann kannst du dein Reinigungsritual auch auf dem Trockenen, zum Beispiel mit Räuchern, durchführen. Stell dir hierfür vor, dass der Rauch alles mitnimmt, was alt und verbraucht ist und von dir losgelassen werden möchte.

Badeessenzen, die du verwenden kannst: Meersalz – Salbei reinigt – Weihrauch zentriert – Lavendel entspannt – Rosmarin klärt die Gedanken

Wenn du möchtest, duschst du im Vorfeld.

Lasse in deine Badewanne angenehm warmes Wasser laufen und gib, wenn du möchtest, deine ausgewählten Badeessenzen hinzu.

Bleibe für ca. 20 bis 30 Minuten im Wasser.

Schließe deine Augen. Nimm deinen Atem wahr. Meditiere im Wasser und lass zu dir kommen, was du loslassen möchtest.

Dusche dich im Anschluss an das Bad kurz ab. So nimmt das Wasser alles mit und trägt fort, was dir nicht mehr dienlich ist.

Wenn du möchtest, dann lasse deine Haut an der Luft trocknen. Spüre nach.

Dein Platz nur für dich

Innehalten und Reflektieren hat eine ganz besondere Kraft. Deshalb ist hier viel Platz für: Check-in, Journal, Orakel, Traum, Affirmation, Meditation, Gedanken, Fragen zur Inspiration, Manifestation und Kreativität. Alles ist auf dieser Seite möglich. Fülle sie und nutze deine niedergeschriebenen Worte als Wegweiser auf deiner Jahresreise zu dir selbst!

Die achte Rauhnacht

1. Januar | Freiheit & Souveränität

Wiederkehrende Rituale für deinen magische Rauhnacht

Monat im kommenden Jahr: August
Wiederkehrende Rituale: Meditation, 8. Wunsch verbrennen, Affirmation ziehen, Journaling, Orakeln, Manifestation & Kreativität, Date mit dir selbst planen
Positive Affirmation:

Ich fühle mich frei und selbstbewusst
in allem, was ich tue.

Dieser Neujahrstag steht für den August. Es ist ein Monat der Freude, der Fülle, der Kraft und der Energie und zugleich des Müßiggangs. Du darfst dich entfalten, Fülle wahrnehmen und wertschätzen und dich selbst verwirklichen. Im August verbringen die meisten Menschen viel Zeit im Freien. Wie wäre es also heute mit einem Spaziergang? Genieße die Natur in vollen Zügen. Nimm sie durch Kinderaugen wahr und erfreue dich an ihrer Schönheit. Spüre die Dankbarkeit, dass Mutter Erde dir alles gibt, was du brauchst, um zu leben. Vielleicht möchtest du auch das neue Jahr segnen. Ganz individuell darfst du einen Jahres-Kraftsatz wählen, der dich positiv ausrichtet, der dir Mut, Kraft, Zuversicht und Dankbarkeit bringt.

Inspirationsfragen

Wem möchtest du Glück wünschen?
Was sind deine guten Wünsche?
Was wolltest du schon immer einmal tun?
Wie sieht der erste Schritt dafür aus?
Was braucht es, um noch mehr ins Vertrauen zu gehen?
In welchem Bereich deines Lebens nimmst du Freiheit
und Souveränität wahr?

Meditation (14:53 min)

Stell dir vor, du stehst vor einem Käfig. Es ist ein recht großer Käfig mit Gitterstäben. Zwischen den Gitterstäben ist eine kleine Tür mit einem Türgriff eingelassen. In diesem Käfig kannst du ein Lebewesen ausmachen. Es ist ein friedfertiges Lebewesen. Du gehst näher an den Käfig heran und stellst fest, dass du es bist, die/ der in diesem Käfig gefangen ist.

Vielleicht begleitet dich dieser Käfig schon sehr lange. Vielleicht hast du bereits wahrgenommen, dass du in gewisser Weise eingesperrt bist. Mag sein, dass es dir aber gerade in diesem Moment erst bewusst wird. Jetzt, wo du hier stehst vor deinem Käfig, wird dir bewusst, dass du diesen Käfig selbst gebaut hast.

Er steht für alle limitierenden Faktoren, die dich in deinem Leben klein halten und dich kraftlos machen, für all das, was dich von deiner eigenen Identität, ja von dir selbst entfernt. Vielleicht fällt es dir nicht leicht, aber du nimmst dir einen Moment lang Zeit und betrachtest dich in deinem eigenen Käfig. Atme tief und gleichmäßig in diesem vielleicht schmerzhaften Augenblick.

Du weißt, dass du dich selbst befreien kannst. Du weißt, dass du es selbst in der Hand hast. Und das fühlt sich gut an, denn du bist handlungsbereit. Jetzt. Du gehst zur Käfigtür, nimmst den Türgriff in die Hand und willst sie schon öffnen. Doch du hältst einen Moment inne, denn dir wird bewusst, dass da noch eine Sorge, eine Angst, ein Zweifel ist, etwas, das ein ungutes Gefühl in dir hervorruft, etwas, das dich zurückhält. Nun, in diesem Moment kannst du für dich einen Meilenstein definieren, eine Herausforderung, der du dich bisher noch nicht gestellt hast. Dabei ist es ganz egal, in welchem Bereich deines Lebens diese Herausforderung auf dich wartet: privat, beruflich oder zwischenmenschlich. Diese Herausforderung ist ganz präsent und du spürst, dass jetzt der Moment gekommen ist, diese Herausforderung anzunehmen, sich ihr zu stellen, denn du weißt, dass du danach noch größer, noch stärker, noch mehr du selbst bist. Nimm dir einen Augenblick lang Zeit und bestimme deinen Meilenstein.

Nun bist du bereit, die Käfigtür zu öffnen. Du nimmst den Türgriff in die Hand, drückst ihn herunter und öffnest die Tür. Es ist ganz leicht und fühlt sich richtig an. Und vielleicht bist du selbst noch ganz zögerlich. Vielleicht brauchst du einen Moment, um zu begreifen, dass du frei bist. Aber dann siehst du, wie du aus dem Käfig heraustrittst, hinein ins Leben. Und jetzt siehst du dich, wie du in deinem Leben stehst, mit stabilem und festem Stand. Du nimmst dir einen Augenblick lang Zeit und beobachtest dich, denn du hast es geschafft. Es war ganz leicht. Du bist losgegangen und hast deinen Käfig verlassen. Mehr noch, du bist über den Meilenstein hinweggekommen. Und das, was du in dein Leben holen wolltest, ist jetzt wirklich da. Du beobachtest dich und spürst, wie überglücklich du bist. Jetzt ist die letzte Schwere weg. Du bist angekommen.

Spüre in dich hinein, wie unglaublich leicht du dich jetzt fühlst, wie überglücklich du bist. Alle Schwere ist weg. Du bist befreit. Du bist unglaublich stolz auf dich!
So selbstbewusst, so kraftvoll, so authentisch. Du spürst die Stärke in dir. Du bist dir bewusst darüber, dass du alles schaffen kannst. Du baust deine limitierenden Käfige selbst, die dich einsperren. Nun ist es an der Zeit, deinen Käfig zu verlassen und hinaus in die Welt zu treten, denn die Welt braucht dich in deinem schönsten Strahlen.

Du weißt, dass du völlig unabhängig vom Außen bist. Auf einmal spielt es keine Rolle mehr, was die anderen von dir denken mögen. Du brauchst keine Bestätigung mehr. Du brauchst nicht mehr zu gefallen. Diesen limitierenden Gedanken hast du in deinem Käfig zurückgelassen. Und in diesem Moment beschließt du, nie mehr zu deinem Käfig zurückzukehren. Du bist frei. Du trittst hinaus in die Welt. Und du weißt, dass es richtig ist.

Du siehst dich selbst und du bist genau das, was du immer sein wolltest. Da ist nichts mehr, was dich abhält, in deiner Kraft zu sein, nichts mehr, was dich klein hält. Du bist in deiner vollen Größe und es fühlt sich gut an. Du bist selbstbewusst in dem, was du tust, denn du weißt, dass es genau das ist, wofür du hier bist. Du fühlst dich wertvoll in dem, was du tust. Du bist angekommen!

Manifestation und Kreativität (ca. 5 min)

Mudras sind mehr als nur Yogaübungen für die Finger. Diese Handgesten lenken und aktivieren die Energie in unserem Körper. So kann die Lebensenergie ausbalanciert und sogar Blockaden gelöst und Heilung erfahren werden. Oder aber eine bestimmte Eigenschaft wird in uns gestärkt. Probiere es doch einmal selbst aus! Hier kommt das Hakini Mudra für dich.

So geht's:
Bringe die Fingerspitzen deiner Hände zusammen und spreize dann die Finger voneinander. Lediglich die Fingerspitzen berühren sich mit starkem Druck. Wenn du möchtest, dann lege die Arme auf deinen Beinen oder auf einer Tischplatte ab, sodass du das Mudra stabil halten kannst. Verweile ein paar Minuten in Stille und beobachte, was diese Fingerhaltung mit dir macht.

Wirkung: Das Mudra stärkt dein Selbstbewusstsein. Du schulst das Vertrauen in dich selbst, das du brauchst, um für deine Visionen losgehen zu können. Es hilft dir, innere Blockaden zu lösen und klarer zu sehen, was du wirklich willst. Mit jeder Praxis vertiefst du die Verbindung zu deinem inneren Potenzial und kannst es mit mehr Entschlossenheit und Zuversicht entfalten.

Dein Platz nur für dich

Innehalten und Reflektieren hat eine ganz besondere Kraft. Deshalb ist hier viel Platz für: Check-in, Journal, Orakel, Traum, Affirmation, Meditation, Gedanken, Fragen zur Inspiration, Manifestation und Kreativität. Alles ist auf dieser Seite möglich. Fülle sie und nutze deine niedergeschriebenen Worte als Wegweiser auf deiner Jahresreise zu dir selbst!

Die neunte Rauhnacht

2. Januar | Großherzigkeit & Geduld

Wiederkehrende Rituale für deinen magische Rauhnacht

Monat im kommenden Jahr: September
Wiederkehrende Rituale: Meditation, 9. Wunsch verbrennen, Affirmation ziehen, Journaling, Orakeln, Manifestation & Kreativität, Date mit dir selbst planen
Positive Affirmation:

Ich bin geduldig und großherzig mit mir selbst
und anderen gegenüber.

Es ist die Zeit des Übergangs. Im September spürt man immer deutlicher, dass der Sommer sich dem Ende entgegen neigt. Die Helligkeit des Tages hält sich mit der Dunkelheit der Nacht die Waage. Ein Wendepunkt ist erreicht und die Aufmerksamkeit richtet sich nun immer mehr von außen nach innen. Der Rückzug wird eingeläutet. Vielleicht hast du Lust, auf einem reinigenden Herbstspaziergang Blätter, Kastanien und Früchte zu sammeln, um sie dann bei der Gestaltung eines Jahreszeitentischs zu verwenden. So kannst du noch mehr Bewusstsein für den herbstlichen Wandel schaffen. Thematisch kannst du heute Ordnung, Erneuerung, Struktur und Geduld in deinen Fokus stellen.

Inspirationsfragen

Wem kannst du Licht schicken?
Wie kannst du dich mit deiner inneren Mitte verbinden?
Was bringt dich in deine Balance?
Wie geht es dir damit, dich selbst in den Vordergrund zu stellen?
In welchem Bereich, kannst du Geduld in dein Leben einladen?

Meditation (11:26 min)

Nimm dir einmal ganz bewusst Zeit und richte dich auf, Wirbel für Wirbel, Stück für Stück. Jede Zelle deines Körpers schickst du Richtung Himmel, und so bekommst du eine ganz aktive, aufrechte Körperhaltung. Du nimmst deine volle Größe ein und gibst dir den Raum, den es dafür braucht. Fühle ganz achtsam, wie du hier aufgerichtet sitzt.

In dieser so präsenten Körperhaltung strebst du dem Himmel entgegen. Stolz sitzt du hier und stellst dir vor, dass du eine Krone trägst, eine Krone aus Licht. Sie hilft dir, noch ein bisschen aufrechter zu sitzen. Sieh nur, diese Krone lässt dich leuchten. Sie wärmt und schützt dich. Und mit jedem Atemzug, den du nimmst, schickst du dieses Licht auf eine Reise durch deinen Körper, bis es schließlich dein Herz erreicht. Du nimmst dir ausreichend Zeit und beobachtest, wie es anfängt zu leuchten und zu scheinen. Du genießt das Gefühl, das du jetzt gerade hast.

Gehe einen Moment in dich und lausche, mit wem du dieses Licht teilen möchtest. Wenn du möchtest, dann kannst du in Gedanken Herzfäden zu den Menschen, Tieren oder Pflanzen entstehen lassen, mit denen du dich verbunden fühlst, von Herz zu Herz. Vielleicht entsteht ein Herzfaden, vielleicht zwei oder auch ganz viele. Betrachte die Fäden, die du gespannt hast. Sind sie locker oder fest? Weich oder hart? Haben sie eine besondere Farbe? Möchtest du in der Verbindung vielleicht etwas verändern? Dann tue das jetzt. Wenn deine Herzfäden sich gut und stimmig anfühlen, dann kannst du über diese Verbindung dein Licht teilen. Schicke es über die Herzfäden zu den Lebewesen, die dir wichtig sind. Lasse sie deine Großherzigkeit und dein Licht spüren. Genieße es, so verbunden zu sein. Wie wundervoll!

Komm dann mit deiner Aufmerksamkeit noch einmal zu dir und deiner Lichtkrone zurück. Du nimmst das Leuchten wahr, was von dir ausgeht und wenn du möchtest, dann lädst du Geduld, Erneuerung, Fokus oder auch etwas ganz anderes in dein Leben ein. Du nimmst wahr, dass es sich gut und richtig anfühlt und dein Licht bringt es zu dir. Du brauchst dafür nichts leisten oder tun. Es geschieht einfach. Nimm dir einen Moment Zeit und betrachte dich selbst, wie du im Mittelpunkt stehst. Spüre, wie einfach es ist, zu empfangen. Bedanke dich nun bei dir selbst, dass du dir diesen wertvollen Moment geschenkt hast. Du bist wertvoll! Du bist genau richtig, so wie du bist! Dein Licht strahlt und macht diese Welt zu einem einzigartigen Ort.

Manifestation und Kreativität (ca. 5 min)

Schon Buddha sagte: „Tausende von Kerzen kann man am Licht einer Kerze anzünden, ohne dass ihr Licht schwächer wird. Freude nimmt nicht ab, wenn man sie teilt."
Wenn du möchtest, dann darfst du heute eine Kerze entzünden. Sie erstrahlt mit ihrem warmen Kerzenschein gerade jetzt besonders einladend. Schicke das Licht an Personen, die dir wichtig sind und die ebenfalls Wärme und Licht brauchen! Symbolisch kannst du das Licht für Freude, Großherzigkeit und Liebe betrachten. Du trägst von allem so viel in deinem Herzen. Und wenn du dies mit der Welt teilst, dann wird es in diesem Moment nicht weniger, sondern im Gegenteil, mehr. Schaue der Kerze beim Brennen zu und beobachte, was dieser Gedanke mit dir macht.

Dein Platz nur für dich

Innehalten und Reflektieren hat eine ganz besondere Kraft. Deshalb ist hier viel Platz für: Check-in, Journal, Orakel, Traum, Affirmation, Meditation, Gedanken, Fragen zur Inspiration, Manifestation und Kreativität. Alles ist auf dieser Seite möglich. Fülle sie und nutze deine niedergeschriebenen Worte als Wegweiser auf deiner Jahresreise zu dir selbst!

Die zehnte Rauhnacht

3. Januar | Dankbarkeit & Demut

Wiederkehrende Rituale für deinen magische Rauhnacht

Monat im kommenden Jahr: Oktober
Wiederkehrende Rituale: Meditation, 10. Wunsch verbrennen, Affirmation ziehen, Journaling, Orakeln, Manifestation & Kreativität, Date mit dir selbst planen
Positive Affirmation:

Ich ehre und respektiere jeden Moment meines Lebens mit Dankbarkeit und Demut.

Kennst du es auch, dass du in deinen Gedanken oft mit Mangel beschäftigt bist? Doch heute darfst du dich ganz bewusst einmal auf das Thema Fülle einlassen und ins Spüren kommen, denn der Oktober ist auch die Zeit der reichen Ernte. Du darfst einen Rückblick wagen und dich daran erfreuen, was das Jahr alles für dich bereitgehalten hat. Reflektiere. Schaue genau hin. Spüre Dankbarkeit und Demut für das Leben. Was für ein unglaubliches Geschenk, was für ein unglaublicher Schatz!
Gleichzeitig darfst du die Rauhnacht nutzen, um die Samen für das neue Jahr zu sammeln. Das können Ideen oder Erfahrungen, Erkenntnisse oder persönliche Weiterentwicklung sein, vielleicht auch etwas ganz anderes.

Inspirationsfragen

Was hast du alles erreicht?
Wofür bist du in deinem Leben zutiefst dankbar?
Welche Herausforderungen hast du gemeistert?
Was stärkt dich und was lässt dich wachsen?
Wie kann dein Licht strahlen und sichtbar werden?
Wofür spürst du Fülle?

Meditation (9:15 min)

Du bist ein einzigartiges Lebewesen. Ist es nicht ein Wunder, dass du genau zu dieser Zeit an diesem Ort auf diesem Planeten dein Leben verbringen darfst? Dieses Leben ist ein einzigartiges Geschenk – mit all seinen Facetten, mit all seinen Herausforderungen, mit allem, was es ist. Du kannst darauf vertrauen, dass alles genau zum richtigen Zeitpunkt geschieht.

Betrachte in Gedanken dein Leben. Vielleicht kommen Gedanken, Bilder oder Gefühle in dir auf, die dir Mangel aufzeigen. Dann atme einmal tief ein und aus und gib mit dem Ausatmen ab, was du jetzt nicht mehr brauchst. Nimm so ein paar tiefe, befreiende Atemzüge.

Lenke dann deine Aufmerksamkeit ganz bewusst auf die Fülle in deinem Leben. So viel ist bereits da. Und so viel ist gut. Bleibe genau hier mit deiner ganzen Präsenz und lass es auf dich wirken.

Dein Leben ist im Fluss. Du gehst Tag für Tag, Stunde um Stunde, Minute für Minute deinen Weg. Dabei darfst du dankbar sein für das, was in deinem

Leben ist. Nimm dir einen Moment Zeit und vervollständige in Gedanken diese Sätze, wenn sie sich stimmig für dich anfühlen:

Ich bin erfüllt von Dankbarkeit, denn...
Ich nehme Fülle in meinem Leben wahr, weil...
Ich bin voller Demut für mein Leben, weil...

Bleibe noch einen Augenblick lang in diesem wertvollen Moment der Dankbarkeit, Fülle und Demut und beobachte, was das mit dir macht.

Vielleicht kannst du wahrnehmen, dass Dankbarkeit Fülle und Demut hervorruft und umgekehrt. Ist es nicht wunderbar, dass sich diese Attribute gegenseitig verstärken? Nimm wahr, dass du die Wahl hast, Dankbarkeit, Fülle und Demut in dein Leben zu holen und ihnen mehr Präsenz zu geben. Nimm auch wahr, dass sich deine Lebensqualität dadurch erhöht und erfreue dich für einen Moment daran.

Manifestation und Kreativität (ca. 10 min)

Du kannst Demut mehr in dein Leben holen, indem du dich selbst akzeptierst – mit all deinen Stärken und Schwächen. Wenn du dich selbst anerkennst, für das, was du bist, führt es dich weg von der Bestätigung, die du vielleicht im Außen suchst.

Deshalb nimm dir einen Augenblick ganz bewusst für dich. Vielleicht stellst du dir dein Lieblingslied an. Nimm dich in den Arm, ganz liebevoll und sanft und schenke dir eine Umarmung, in der du ganz und gar versinken kannst. Begegne dir respektvoll, ehrlich und mit offenem Herzen. Wenn du dich eine Weile umarmt hast, verspürst du vielleicht auch den Impuls, dich sanft hin und her zu wiegen. Dann gib diesem Impuls gerne nach. Wenn du möchtest, beendest du die Selbst-umarmung und spürst einmal in dich hinein, ob du Demut und Fülle jetzt und hier in diesem Moment wahrnehmen kannst.

Schreibe in den nächsten Tagen ein Dankbarkeitstagebuch. Nimm dir dafür drei Minuten Zeit und schreibe auf, wofür du dankbar bist.

Dein Platz nur für dich

Innehalten und Reflektieren hat eine ganz besondere Kraft. Deshalb ist hier viel Platz für: Check-in, Journal, Orakel, Traum, Affirmation, Meditation, Gedanken, Fragen zur Inspiration, Manifestation und Kreativität. Alles ist auf dieser Seite möglich. Fülle sie und nutze deine niedergeschriebenen Worte als Wegweiser auf deiner Jahresreise zu dir selbst!

Die elfte Rauhnacht

4. Januar | Einkehr & Frieden

Wiederkehrende Rituale für deinen magische Rauhnacht

Monat im kommenden Jahr: November
Wiederkehrende Rituale: Meditation, 11. Wunsch verbrennen, Affirmation ziehen, Journaling, Orakeln, Manifestation & Kreativität, Date mit dir selbst planen
Positive Affirmation:

Ich verbinde mich tief mit meiner inneren Quelle der Ruhe und Gelassenheit und lasse Frieden in mein Leben strömen.

Das Leben findet sehr viel im Außen statt. Vielleicht bist du ständig abgelenkt. So nimmst du deinen inneren Kern, deine wahre Essenz und Kraftquelle vielleicht gar nicht oder nur kaum wahr – schlichtweg, weil du es verlernt hast, hinzusehen und hinzuhören, dir selbst zu vertrauen, dich selbst zu akzeptieren. Was bleibt, wenn all das im Außen wegfällt? Gerade jetzt brechen Gewohnheiten weg. Vielleicht hast du nun die Gelegenheit, dich mit dir selbst zu befassen oder Dinge einfach mal anders zu machen. Es kann unglaublich schwer sein, nur mit sich zu sein. Doch einmal ausgehalten, kannst du Frieden finden, denn mit Veränderungen darf immer Neues entstehen. Trau dich und lass zu, dass es entstehen darf.

Inspirationsfragen

Was ist dir wirklich wichtig?
Bist du glücklich?
Wohin geht deine Aufmerksamkeit?
Mit welcher Intention tust du etwas?
Was bringt dich in Balance und lässt dich deine Mitte spüren?
Was soll am Ende deines Lebens über dich gesagt werden,
was möchtest du hinterlassen?

Meditation (10:54 min)

Vielleicht stellst du dir das Leben einmal wie eine Treppe vor, deine Lebenstreppe. Sieh an dir herunter, du stehst heute genau auf dieser Stufe. Du nimmst dir die Zeit und wagst es, einen Blick zurückzuwerfen. Sieh nur, all diese Stufen bist du schon hinaufgestiegen auf deiner Lebenstreppe. Ist es nicht unglaublich, was schon alles hinter dir liegt? Das alles hast du bereits geschafft. Mag sein, dass es auch Stufen gibt, die in deiner Erinnerung schmerzen, Stufen, bei denen es dir nicht leicht gefallen ist, hinaufzusteigen. Wieder andere sind dabei, die du mühelos erreichen und überwinden konntest. Bei einigen Stufen hast du lange verweilt, andere wiederum sind nur von kurzer Dauer gewesen.

Und nun sieh dir die Stufe an, auf der du gerade stehst und du nimm deutlich wahr, dass du heute an einem Wendepunkt in deinem Leben angekommen bist. Heute kannst du ganz bewusst entscheiden, welche Richtung du auf deiner Lebenstreppe einschlagen willst.

Ist heute vielleicht die Zeit des Abschieds gekommen - von einem Leben, was du bisher gelebt hast; einem Leben, das vom Außen und dadurch fremdbestimmt gewesen ist? Wenn dem so ist, dann ist es Teil deines Weges gewesen. Doch das zu erkennen, birgt eine unglaubliche Chance, denn du kannst die Stufen, die auf deiner Lebenstreppe noch vor dir liegen, ganz bewusst gestalten. Du kannst dich gegen all die Angst, die Sorgen, die Fremdbestimmung und die Selbstzweifel entscheiden.

In diesem Moment, hier auf der Stufe, auf der du heute stehst, bist du einfach mit dir selbst verbunden und so liegt dein Weg klar und deutlich vor dir. Stufe für Stufe kannst du erkennen. Heute ist auch die Zeit des Neubeginns. Öffne dein Herz für das, was sich dir zeigt. Denn alles, was es braucht, um loszugehen, ist bereits in dir. Du hast eine Vision. Eine Vision von dir selbst, von deinem Leben. Genauso möchtest du es haben. Plötzlich weißt du ganz genau, was dich glücklich macht und vielleicht erkennst du den Sinn deines Lebens.

Da ist ganz viel Kraft in dir, genau das zu verfolgen. Du fühlst dich so unglaublich gut und bist in deiner inneren Balance. Genauso fühlt es sich richtig an, denn du merkst, dass du in dir angekommen bist. Du bist voller Vorfreude auf die Stufen, die vor dir liegen und erkennst, dass du mit Leichtigkeit deine Lebenstreppe beschreiten kannst. Alles ist so, wie es sein soll. Und du spürst tiefes Glück und Frieden in dir. Du gehst los. Hier und heute. Du gibst dir das Versprechen, du selbst zu sein und dein Leben zu leben, Stufe für Stufe. Welche Worte wählst du für dein Versprechen? Vielleicht beginnst du wie folgt und beendest den Satz für dich in Stille.

Ich gebe mir hier und heute das Versprechen, dass...

Lass dein Versprechen auf dich wirken. Du nimmst wahr, dass du in deine Kraft kommst, dass du das Wachstum annehmen kannst, welches das Leben für dich bereithält. Du bist bereit und fühlst die Verbindlichkeit deines Versprechens. Du bist bereit, ein Leben in Glück und Zufriedenheit zu führen. Blicke nun noch einmal nach vorne auf deine Lebenstreppe und fühle die Freude, auf das, was in dein Leben kommt!

Dein Jahres-Versprechen

Du gibst dir hier und heute ein verbindliches Versprechen. Was immer es ist, schreibe es auf und halte es so für das kommende Jahr fest. Kreiere in den kommenden Monaten immer wieder Momente, in denen du dich an dein Versprechen erinnerst und reflektiere, ob du dich noch an dein Versprechen hältst und ob sich bereits Dinge in deinem Leben verändert haben.

Jahres-Versprechen

Manifestation und Kreativität

Yoga-Baumhaltung
Balanceübung darstellt. Wie ein Flamingo wirst du nur auf einem Bein stehen. Dabei sorgst du mithilfe deiner Konzentration und deiner Hüfte für Balance und somit für ein stabiles Gleichgewicht. Du entwickelst Bestimmtheit und Zielorientiertheit. Wenn du eine besondere Herausforderung suchst, dann übe den Baum doch einmal mit geschlossenen Augen.

Du beginnst in einem aufrechten Stand,
wobei dein Blick nach vorne gerichtet ist und auf einem Fixpunkt ruht.

Atme ein paar Mal tief ein und aus.
Spüre die Erde unter den Füßen, die dich trägt.

Spanne dann deine Bein- und Bauchmuskulatur an und lege die Hände in die Hüfte.
Bei der nächsten Ausatmung hebst du das rechte Bein nach oben. Dabei öffnest du die Hüfte und den rechten Oberschenkel, sodass dein Knie im 90 Grad-Winkel von deinem Körper weg zeigt.
Hier kannst du deine Variante wählen. Entweder legst du den Fuß flach gegen deinen Ober- oder Unterschenkel. Achtung, das Knie wird dabei nicht vom Fuß berührt.

Wenn du hier stabil stehst, kannst du die Arme und Hände über den Kopf strecken.
Stelle dir vor, du bist ein Baum mit kräftigen Wurzeln, die dir Stabilität geben und mit Ästen, die sich Richtung Himmel recken.

Halte die Stellung für ein paar Sekunden oder auch einige Minuten.
Senke dann die Hände langsam ab und führe den Fuß wieder zum Boden.
Wechsel dann die Seite.

Dein Platz nur für dich

Innehalten und Reflektieren hat eine ganz besondere Kraft. Deshalb ist hier viel Platz für: Check-in, Journal, Orakel, Traum, Affirmation, Meditation, Gedanken, Fragen zur Inspiration, Manifestation und Kreativität. Alles ist auf dieser Seite möglich. Fülle sie und nutze deine niedergeschriebenen Worte als Wegweiser auf deiner Jahresreise zu dir selbst!

Die zwölfte Rauhnacht

5. Januar | Akzeptanz & Achtsamkeit

Wiederkehrende Rituale für deinen magische Rauhnacht

Monat im kommenden Jahr: Dezember
Wiederkehrende Rituale: Meditation, 12. Wunsch verbrennen, Affirmation ziehen, Journaling, Orakeln, Manifestation & Kreativität, Date mit dir selbst planen
Positive Affirmation:

Ich bin achtsam mit meinen Gedanken, Worten und Taten
und akzeptiere mich selbst vollkommen
mit all meinen Stärken und Schwächen.

Du hast 11 Rauhnächte durchlebt und heute lädt dich die Letzte ein, sie achtsam zu begehen. Es ist wie ein Liebesbrief an dich selbst, ein Versprechen, dass nur du dir geben kannst. Diese 12. Rauhnacht steht symbolisch für den Dezember und sie beschäftigt sich mit dem Leben. Du sagst JA zu dir, JA zu deinem Leben. Du hast dich intensiv mit dir beschäftigt und vielleicht nimmst du das Wachstum wahr, denn du wächst Jahr für Jahr. Du bist deinen Licht- und Schattenseiten nahegekommen. Du hast vielleicht Ablehnung oder auch Akzeptanz erfahren. Du betrachtest den Abschied und den Neubeginn. Alles ist im Fluss. Du bist eins mit dir! JA!

Inspirationsfragen

Welche sind deine liebsten Rituale der Achtsamkeit?
Was bringt dir tiefe Erholung?
Was brauchst du, um zur Ruhe zu kommen und Kraft zu tanken?
Welche Erkenntnis nimmst du aus den Rauhnächten mit?

Meditation (9:36 min)

Deine Rauhnächte neigen sich dem Ende entgegen. Vielleicht ist die eine oder andere Erkenntnis zu dir gekommen. Vielleicht hast du Höhen und Tiefen durchschritten, hast gelacht und geweint oder beides gleichzeitig. Alles daran ist wertvoll. Du bist wertvoll, denn du hast tief in deine Seele geblickt. Diese tiefe Verbundenheit wird dich begleiten. Sei dir gewiss. Es ist deine Wahrheit.

Heute darfst du auf die letzten Rauhnächte zurückblicken und alle Fragmente zu einem großen Ganzen zusammensetzen. Nicht alles braucht einen Sinn zu ergeben. Wahre deine Geheimnisse und vertraue darauf, dass das große Ganze da ist und dich leitet. Immer.

Es ist die Zeit des Rückzugs. Deine Erfahrungen und Erlebnisse ergeben ein großes Ganzes. Du brauchst nichts weiter tun, es gibt nichts zu leisten und du kannst den Druck, alles verstehen zu müssen, ziehen lassen. Manches darf im Verborgenen bleiben und sich dir dann zeigen, wenn die Zeit dafür gekommen ist.

Lade dich selbst ein, eine Meditation in Stille zu genießen. Achtsam gehst du noch einmal auf eine Reise und du darfst offen und neugierig darauf sein, was dir begegnen wird. Du hast Vertrauen und weißt, dass alles da ist, was es braucht. Für dich. In diesem Moment.

Lass die Stille auf dich wirken und verweile einige Minuten ganz fokussiert in diesem Moment der Achtsamkeit.

Manifestation und Kreativität (ca. 15 min)

Stelle dir einen Anker für deinen Alltag her, der dich daran erinnert, einen Moment innezuhalten; ein Moment der Achtsamkeit für dich selbst und Dankbarkeit für dein Leben.

Dafür kannst du auf einem Spaziergang oder im Urlaub einen Stein suchen, der gut in deine Hand passt. Bemale diesen Stein intuitiv. Vielleicht schreibst du ein Wort darauf. Auf der einen Seite „Achtsamkeit" und auf der anderen Seite „Dankbarkeit". Du kannst ihn natürlich auch mit einem Muster verzieren oder ein kleines Bild darauf malen, was dich an deine beiden Worte erinnert.

Stecke den Stein am Morgen in deine Tasche, betrachte die Steinseite mit dem Wort „Achtsamkeit" und halte einen Moment inne. Wie geht es dir gerade und was braucht es, damit es dir gut geht? Packe den Stein am Ende des Tages wieder aus deiner Tasche aus, betrachte das Wort „Dankbarkeit" und halte einen Moment inne. Wofür bist du gerade dankbar?

Wenn du den Stein nicht mitnehmen möchtest, dann kannst du ihn auch an einen Ort legen, an dem du regelmäßig vorbeikommst. Zum Beispiel kannst du ihn an den Ort legen, an dem du deinen Schlüssel aufbewahrst. Immer wenn das Haus verlässt, blickst du auf die eine Seite und wenn du nach Hause kommst, drehst du den Stein um und verinnerlichst die andere Seite.

Dein Platz nur für dich

Innehalten und Reflektieren hat eine ganz besondere Kraft. Deshalb ist hier viel Platz für: Check-in, Journal, Orakel, Traum, Affirmation, Meditation, Gedanken, Fragen zur Inspiration, Manifestation und Kreativität. Alles ist auf dieser Seite möglich. Fülle sie und nutze deine niedergeschriebenen Worte als Wegweiser auf deiner Jahresreise zu dir selbst!

Nach den Rauhnächten

5./6. Januar | Nachbessern & 13. Wunsch

5. Januar

Deine Rauhnächte liegen nun hinter dir und du hast das neue Jahr willkommen geheißen. Der 5. Januar ist dazu da, um noch einmal nachzufühlen. Nichts ist endgültig und du hast die absolute Freiheit, Dinge noch einmal zu verändern, falls sie sich für dich nicht stimmig anfühlen sollten. Betrachte also noch einmal die letzten 12 Tage aus der Beobachtungsperspektive und wenn sich etwas nicht gut anfühlt, bist du eingeladen, eine Korrektur vorzunehmen.

Nachbessern & verändern

- Betrachte jede einzelne Nacht noch einmal. Was hat sich nicht gut, nicht richtig angefühlt? Wo würdest du dich anders verhalten? Gibt es eine Priorität, die du vernachlässigt hast? Was wolltest du machen, hast es aber nicht? Notiere dir deine Gedanken auf einem Zettel. Wenn du fertig bist, verbrenne diesen.
- Danach lässt du ein Bild entstehen, wie du es eigentlich hättest haben wollen. Du nimmst einen neuen Zettel und malst genau das, was sich dir jetzt zeigt, mit vielen Details auf oder du beschreibst deine neue Vision ganz genau.
- Anschließend betrachtest du den Zettel mit deiner Nachbesserung. Du bist zu jeder Zeit in der Lage, deinen Kurs zum Positiven zu verändern. Du hast die Macht über dein eigenes Leben. Verändere an gegebener Stelle, falls diese Nachbesserungen Auswirkungen auf andere Bereiche haben.

6. Januar

Öffne deinen 13. Wunsch in einem besonderen Moment. Vielleicht kochst du dir einen feinen Tee, zündest Kerzen an oder kleidest dich feierlich. Was sich gut und richtig anfühlt, tue es und öffne dann deinen übrig gebliebenen Wunschzettel. Wenn er in deiner Hand liegt, lies ihn dir durch und nimm dir dann einen Augenblick lang Zeit, um dich selbst zu beobachten. Wie fühlt es sich an, dass genau dieser Wunsch für dich übrig geblieben ist? Bist du im Widerstand oder gehst du mit Kraft und Tatendrang dafür los?

Stell dir vor, dein 13. Wunsch ist das Ziel, welches auf einem Berggipfel liegt. Den Weg auf einmal wirst du kaum schaffen, aber wenn du ihn in 12 kleinere, gut machbare Wegetappen aufteilst, kannst du diese auf die kommenden 12 Monate des neuen Jahres verteilen. Für jede erreichte Etappe kannst du dich feiern und verlierst dabei gleichzeitig das große Ganze nicht aus den Augen.

Vielleicht möchtest du deinen Berg auch malen. Wenn du magst, kannst du dein Ziel und deine 12 Etappen auf deiner Zeichnung eintragen. Nutze dieses Bild als dein Warum und für deine Zielvisualisierung, um jeden Monat erneut zu prüfen, ob du noch auf deinem Weg bist. Es erfordert Mut, du wirst Rückschläge auf deiner Bergbesteigung erleben, aber du kannst dir zu jeder Zeit deinen 13. Wunsch ins Bewusstsein rufen und daran denken, wie es sich anfühlen wird, wenn du auf dem Gipfel stehst, angekommen in deinem erfüllten Leben; in deinem ganz eigenen persönlichen Potenzial! Anlass genug, um immer wieder loszugehen!

Notiere dir hier deinen 13. Wunsch oder kleben den Wunschzettel ein.

Deine Reise durch das Jahr

Deine Jahresreise beginnt jetzt.

Deine Reise durch die magischen 12 Monate des neuen Jahres.

Die Rauhnächte liegen hinter dir. Bestimmt hast du viele Erkenntnisse gewinnen können. Du bist dir und deiner Wahrheit ganz nah. Nun liegt das neue Jahr vor dir und du kannst deine ganz eigene Geschichte schreiben. Mit all den Möglichkeiten, die sich dir bieten!

Denn jetzt ist die Zeit, deine Träume, Wünsche und Visionen zu leben. Du bist bereit, aktiv und souverän deinen Weg zu beschreiten. Mit Durchhaltevermögen, Geduld und Fokus gehst du Schritt für Schritt durch deine magischen Monate.

Es ist dein Jahr!

Januar-Magie

31 Tage | Einkehr & Bewusstsein

Wiederkehrende Rituale für deinen magischen Monat

Rauhnacht im vergangenen Jahr: 1. Rauhnacht
Wiederkehrende Rituale: Meditation, Date mit dir selbst, 13. Wunsch, Monatsmeilenstein, Monatsreflexion, Vision Board, Rauhnacht-Notizen
Positive Affirmation:

Ich glaube an meine innere Kraft
und integriere wohltuende Routinen in meinen Alltag.

Willkommen, Januar!
Dieser Monat schaut gleichzeitig in die Vergangenheit und in die Zukunft und hat demnach eine ganz besondere Magie. Ist der Blick auf die Vergangenheit und das Erlernte gerichtet, kann daraus deine Zukunft besser geformt werden. Ein unglaubliches Potenzial! Neue Wege können betreten werden, Visionen und Wünsche entstehen und so werden die Weichen für das neue Jahr gestellt. Es ist der Monat, um an den eigenen Vorsätzen zu arbeiten und neue Gewohnheiten dauerhaft zu etablieren. Jetzt ist die ideale Zeit, sich von alten Mustern zu lösen und mutig neue Wege zu gehen. Mit jedem kleinen Fortschritt wächst das Vertrauen in deine eigenen Fähigkeiten, das Leben aktiv zu gestalten.

Inspirationsfragen

An welchen alten Glaubenssätzen und Gewohnheiten hältst du fest?
Welche zwischenmenschlichen Beziehungen stärken dein Wurzelwerk und wo braucht es Veränderung?
Welchen Samen säst du und wie kannst du ihn pflegen?
Welche Veränderungen wünschst du dir für dein Leben?

Meditation (ca. 10 min)

Du findest Beispiele für die Ein- und Ausleitung deiner Meditation im ersten Buchabschnitt.

Stell dir vor, du stehst an einem Ort, der dir Frieden und Freude bringt. Vielleicht ist es ein ruhiger Wald, eine sonnige Wiese oder ein stiller Strand, oder auch wo ganz anders. Spüre die Ruhe dieses Ortes und lass sie in jede Zelle deines Körpers fließen.

In diesem Moment, in dieser friedlichen Umgebung, bist du bereit, dir selbst hier und heute ein Versprechen zu geben. Sage dir innerlich:

„Ich gebe mir hier und heute das Versprechen, dass ich gute Gewohnheiten dauerhaft in mein Leben integriere. Ich gehe achtsam mit mir um und wähle die Routinen, die meinem Wohlbefinden und Wachstum dienen."

Spüre, wie dieses Versprechen dein Herz erfüllt und dich mit positiver Energie durchströmt. Stell dir vor, wie diese guten Gewohnheiten fest in deinem Alltag verankert sind. Du siehst dich selbst, wie du diese gesunden Routinen mit Freude und Leichtigkeit lebst.

Du bist geduldig mit dir selbst und erkennst, dass jede kleine positive Veränderung ein Schritt in die richtige Richtung ist. Atme tief ein und aus, fühle die Entschlossenheit in dir wachsen. Du bist bereit, diese Gewohnheiten zu integrieren und sie zu einem festen Bestandteil deines Lebens zu machen. Du heißt den Januar mit seiner außergewöhnlichen Magie willkommen und gehst hier und heute los. Lass dieses Gefühl der Zuversicht und Ruhe in dir nachklingen.

Manifestation und Kreativität (ca. 15 min)

Wie schön ist es, den Briefkasten zu öffnen und nicht nur Rechnungen und Werbung vorzufinden, sondern etwas von Hand Geschriebenes? Neben dem schnellen E-Mail verschicken oder dem ständigen Nachrichten schreiben auf dem Handy, ist es fast schon ungewöhnlich geworden, Post zu bekommen. Deshalb schreibe dir hier und heute selbst eine Postkarte oder einen Brief. Hier kannst du noch einmal deinen absoluten Herzenswunsch für das Jahr beschreiben, dein Warum benennen oder einen Liebesbrief an dich selbst verfassen. Was macht dich zu einem außergewöhnlichen Menschen und welche Stärken hast du? Gib diese Postkarte frankiert in einen Umschlag, schicke ihn an einen Herzensmenschen, dem du vertraust, mit der Bitte, diese Postkarte im Laufe des Jahres an dich zurückzuschicken. Wird deine Postkarte zugestellt, erhältst du Post von deinem Ich aus der Vergangenheit, welche dich in der Gegenwart erreicht und die Weichen stellt für dein Zukunfts-Ich. Magisch!

Deine Dates für mehr Januar-Magie

21. Januar – Weltknuddeltag
Wusstest du, dass wir Menschen 12 Umarmungen am Tag brauchen, um glücklich zu sein? Schaffst du das an diesem Tag?

Die Eindrücke der Rauhnächte sind noch ganz frisch. Nutze die Erkenntnisse und erarbeite deine Motivation und dein Warum, falls noch nicht geschehen.

Magische Januar-Routine

Wusstest du, dass es ausreicht, jeden Tag nur 1 Prozent zu verändern, um einen nachhaltigen Wandel zu bewirken? Wenn dein Tag 24 Stunden hat, also 1440 Minuten, dann bedeutet das, dass, wenn du dich knapp 15 Minuten am Tag für deine Rauhnacht-Routine entscheidest, sich viel in deinem Leben zum Besseren verändern wird. Mache dir jetzt einmal bewusst, dass du durchaus schon positive Routinen in deinem Leben hast, die du einfach tust, weil sie notwendig sind. Ohne es zu hinterfragen, putzt du zum Beispiel jeden Tag deine Zähne. Lass die 1%-Rauhnacht-Routine dein tägliches Zähneputzen für die Seele werden. Es ist von Bedeutung, dass du deine Träume und Ziele verfolgst. Und was Bedeutung hat, ist wichtig und darf zur Priorität werden. Du bist wichtig. Dein Glück ist wichtig. Du verdienst deine volle Aufmerksamkeit!

Dabei erfolgen Veränderungen Schritt für Schritt, Tag für Tag. Bestimme ein Vorhaben, das du in deinem Leben anders gestalten möchtest und fange heute damit an. Erlebe die positiven Auswirkungen und schöpfe darauf aufbauend die Kraft, um dir die nächste Sache vorzunehmen.

- Reserviere dir eine feste Zeit für deine 15 Minuten und deine 1%-Rauhnacht-Routine, dann brauchst du nicht immer aufs Neue die „Wann-Entscheidung" zu treffen. Das schafft Struktur und spart zudem deine Energie.
- Wenn du etwas bewusst benennst, wird vieles klarer, was eine Voraussetzung für Veränderungen ist. Formuliere dein Vorhaben und sprich es laut und deutlich aus. „Ich habe keine Lust auf meine Raunachts-Routine, aber ich tue es, weil ich ein glückliches Leben für mich möchte." „Ich würde viel lieber auf dem Sofa liegen, aber ich kümmere mich um meinen 13. Wunsch, weil ich mir versprochen habe, diesen umzusetzen." Schreibe dir jeden Tag einen solchen Satz auf und setze dein Vorhaben um!
- Fange mit kleinen Schritten an und sei mild zu dir selbst, wenn etwas mal nicht so klappt, wie du es wolltest.
- Feiere deine Erfolge und dokumentiere sie beispielsweise mit einem Sternchen, das du jeden Tag vergibst.

MONATSAUSBLICK

Journal

Monat: ....

✦ Mein Monats-Meilenstein ist:

....

....

....

✦ Mein Monats-Date mit mir ist:

....

....

....

✦ Mein Vision Board-Fokus in diesem Monat ist:

....

....

✦ Das tue ich für die Erfüllung meines 13. Wunsches:

....

....

Meine Monats-Affirmation ist:

....

....

....

Schlaf	☆☆☆☆☆☆☆☆☆☆
Emotionen	☆☆☆☆☆☆☆☆☆☆
Fitness	☆☆☆☆☆☆☆☆☆☆
Ernährung	☆☆☆☆☆☆☆☆☆☆
Verbindungen	☆☆☆☆☆☆☆☆☆☆
Gesundheit	☆☆☆☆☆☆☆☆☆☆
Wohlbefinden	☆☆☆☆☆☆☆☆☆☆
....	☆☆☆☆☆☆☆☆☆☆
....	☆☆☆☆☆☆☆☆☆☆

MONATSREFLEXION

Journal

Monat: ....

Monatsbewertung: ✧ ✧ ✧ ✧ ✧ ✧ ✧ ✧ ✧ ✧

✦ Meine schönsten Momente:

....

....

....

....

✦ Meine Herausforderungen:

....

....

....

....

✦ Meine größten Erfolge:

....

....

....

....

✦ Dafür bin ich dankbar:

....

....

....

....

Meine Erkenntnisse und Learnings:

....

....

Mein Wort des Monats:

....

Dein Platz nur für dich

Innehalten und Reflektieren hat eine ganz besondere Kraft. Deshalb ist hier viel Platz für: Check-in, Journal, Orakel, Traum, Affirmation, Meditation, Gedanken, Fragen zur Inspiration, Manifestation und Kreativität. Alles ist auf dieser Seite möglich. Fülle sie und nutze deine niedergeschriebenen Worte als Wegweiser auf deiner Jahresreise zu dir selbst!

Februar-Magie

28 Tage | Wandel & Vertrauen

Wiederkehrende Rituale für deinen magischen Monat

Rauhnacht im vergangenen Jahr: 2. Rauhnacht
Wiederkehrende Rituale: Meditation, Date mit dir selbst, 13. Wunsch, Monatsmeilenstein, Monatsreflexion, Vision Board, Rauhnacht-Notizen
Positive Affirmation:

Es ist alles richtig, genauso, wie es ist.
Ich habe tiefes Vertrauen und begrüße den Wandel.

„Februare" bedeutet im Lateinischen reinigen, wovon der Monatsname Februar abgeleitet ist. Der Februar ist der Monat des Wandels. In die tiefe, kalte Stille und scheinbare Leblosigkeit des Winters kehren allmählich wieder Bewegung und Leben zurück. Licht und Wärme helfen Mütterchen Tau, aktiv zu werden und Väterchen Frost, das Zepter schließlich aus der Hand zu nehmen. Dadurch werden die letzten Überreste des alten Jahres beseitigt und der Weg für den Frühling wird bereitet. Kräfte erwachen und manchmal flattert auch schon ein ganz zartes „blaues Band" durch die Lüfte. Der Februar ist mit seinen 28 Tagen der kürzeste Monat. Trotzdem kannst du hier ganz bewusst die Vorfreude auf das kommende Erwachen der Natur erleben. Begrüße deshalb den Februar mit all deinen Sinnen.

Inspirationsfragen

Was sind deine Ziele für das neue Jahr?
Wie kannst du sie erreichen?
Wonach sehnst du dich und was stellt sich dir in den Weg?
Wie kannst du zur Ruhe kommen und wirklich mit dir in Kontakt sein?
Wie ist es für dich möglich, Kontrolle abzugeben
und deiner Intuition mehr zu vertrauen?

Meditation (ca. 8 min)

Du findest Beispiele für die Ein- und Ausleitung deiner Meditation im ersten Buchabschnitt.

Blicke einmal auf deinen Januar zurück. Was hat er dir alles geschenkt? Wofür bist du den vergangenen 31 Tagen dankbar? Spüre und nimm wahr, was sich dir zeigt.

Jetzt begrüßt du den Februar und den Wandel, der ihm innewohnt. Sei dir gewiss, nichts passiert einfach so in deinem Leben. Du bist eingeladen, in diesem Monat besonders aufmerksam zu beobachten. Wer begegnet dir zu welcher Zeit? Welche Nachrichten bekommst du? Regen sich besondere Gefühle in dir? Hast du Ideen oder Einfälle? Kannst du auf besondere Fundstücke zurückgreifen? Was begegnet dir in der Natur?

Bei manchen Beobachtungen wirst du dir sofort über die Bedeutung klar sein, manchmal zeigt es sich auch erst im Jahresverlauf und du brauchst Geduld. So kannst du alles, was du wahrnimmst, einfach mit der Gewissheit auf dich wirken lassen, dass alles zu etwas gut ist. So schreitest du durch deinen Monat Februar: wertungsfrei und neugierig mit offenem und geschärftem Blick.

Vertraue darauf, dass deine Intuition immer da ist. Du kannst dich im Februar von deinem Bauchgefühl leiten lassen, denn du bist auf dem richtigen Weg! Glaube an dich! Vertraue darauf, dass bereits alles da ist, was du brauchst, um glücklich zu sein.

Manifestation und Kreativität (ca. 15 min)

Blättere zurück zu deiner 2. Rauhnacht und schaue, ob dir in der Meditation etwas begegnet ist, das dich in diesem Jahr unterstützen darf. Auch hier ist nichts dem Zufall überlassen. Ganz gleich, was es gewesen ist, heute ist der Moment, wo du noch einmal ganz genau ins Spüren kommen darfst. Falls dir damals nichts begegnet ist, holst du die Meditation einfach nach oder du hältst nach Tieren, Bäumen, Orten, Farben, Düften, Affirmationen oder auch kraftvollen Visualisierungen Ausschau. So kann dir dein Begleiter, Helfer und Beschützer mit einer bestimmten Bedeutung begegnen und an deiner Seite sein, wenn du ihn brauchst. Welchen Ratschlag gibt er dir? Weist er dich auf etwas hin, was dir vielleicht in deinem Leben abhanden gekommen ist, oder gar fehlt?
In einer Seifenblase ist die ganze Welt enthalten. Glitzernd und schillernd, rund und leicht. Diese Seifenblasen-Beobachtung macht wohl jedes Kind, das mit offenem Herzen seine Welt erkundet. Mache es ihm nach und male eine Seifenblase auf ein Blatt Papier oder auch mehrere. Fülle deine Seifenblasen mit deinen ganz persönlichen und hilfreichen Unterstützern. Lege dir das Blatt Papier als Erinnerung daran in deinen Kalender und lass es von Woche zu Woche mit dir durch dein Jahr ziehen. Notiere immer auf der Rückseite, wenn du von deinem Helfer Zuspruch, Kraft oder eine Hilfestellung erhalten hast oder dir ein Zusammenhang klar geworden ist. So kannst du bewusster und aktiver deinen Jahresbegleiter in dein Leben holen.

Magische Februar-Routine

Was möchte ich morgen nicht tun?

To-do-Listen kennt doch jeder und du hast vielleicht mehr als genug davon. Wie wäre es, wenn du den Spieß einfach mal umdrehst und eine Not-to-do-Liste schreibst? Vielleicht zeichnet sich allein bei dem Gedanken schon ein kleines Lächeln auf deinem Gesicht ab. Probiere es aus und nimm dir für jeden Tag im Februar eine Not-to-do-Sache vor. Bleibe konsequent und beobachte die Veränderungen, die sich dadurch in deinem Leben zeigen. Auf deiner Not-to-do-Liste könnten Dinge wie diese stehen:

Not-to-do-Liste

Abwertend zu mir oder über mich sprechen.
Mich von Kolleg:innen zum Lästern hinreißen lassen.
Ungesund essen.
Sporteinheit schwänzen.
Meine eigenen Bedürfnisse ignorieren.
Wichtige Aufgaben aufschieben.
Mir keine Pausen gönnen.
Zu viel Zeit in den sozialen Medien verbringen.
Zu wenig schlafen.

....

....

....

Deine Dates für mehr Februar-Magie

- 2. Februar – Imbolc
- 15. Februar – Internationaler Tag des Regenwurms – Der Regenwurm steht für Erneuerung, Flexibilität und innere Heilung. Lege auf eine dieser Qualitäten deinen Fokus und gehe mit viel Achtsamkeit diesbezüglich durch deinen Tag.

MONATSAUSBLICK

Journal

Monat: ……………………………………

✦ Mein Monats-Meilenstein ist:

……………………………………

……………………………………

……………………………………

✦ Mein Monats-Date mit mir ist:

……………………………………

……………………………………

……………………………………

✦ Mein Vision Board-Fokus in diesem Monat ist:

……………………………………

……………………………………

✦ Das tue ich für die Erfüllung meines 13. Wunsches:

……………………………………

……………………………………

Meine Monats-Affirmation ist:

……………………………………

……………………………………

……………………………………

Schlaf	☆☆☆☆☆☆☆☆☆☆
Emotionen	☆☆☆☆☆☆☆☆☆☆
Fitness	☆☆☆☆☆☆☆☆☆☆
Ernährung	☆☆☆☆☆☆☆☆☆☆
Verbindungen	☆☆☆☆☆☆☆☆☆☆
Gesundheit	☆☆☆☆☆☆☆☆☆☆
Wohlbefinden	☆☆☆☆☆☆☆☆☆☆
___________	☆☆☆☆☆☆☆☆☆☆
___________	☆☆☆☆☆☆☆☆☆☆

MONATSREFLEXION

Journal

Monat: ....

Monatsbewertung: ✧ ✧ ✧ ✧ ✧ ✧ ✧ ✧ ✧ ✧

✦ Meine schönsten Momente:

....

....

....

....

✦ Meine Herausforderungen:

....

....

....

....

✦ Meine größten Erfolge:

....

....

....

....

✦ Dafür bin ich dankbar:

....

....

....

....

Meine Erkenntnisse und Learnings:

....

....

Mein Wort des Monats:

....

Dein Platz nur für dich

Innehalten und Reflektieren hat eine ganz besondere Kraft. Deshalb ist hier viel Platz für: Check-in, Journal, Orakel, Traum, Affirmation, Meditation, Gedanken, Fragen zur Inspiration, Manifestation und Kreativität. Alles ist auf dieser Seite möglich. Fülle sie und nutze deine niedergeschriebenen Worte als Wegweiser auf deiner Jahresreise zu dir selbst!

März-Magie

31 Tage | Aufbruch & Schaffenskraft

Wiederkehrende Rituale für deinen magischen Monat

Rauhnacht im vergangenen Jahr: 3. Rauhnacht
Wiederkehrende Rituale: Meditation, Date mit dir selbst, 13. Wunsch, Monatsmeilenstein, Monatsreflexion, Vision Board, Rauhnacht-Notizen
Positive Affirmation:

Ich glaube an die Wunder,
die aus einem offenen und liebevollen Herzen entstehen
und ich bin bereit zum Aufbruch.

Der März ist die Brücke zwischen Winter und Frühling und im Kreislauf des Jahres kommt jetzt das neue Leben zum Vorschein. Es ist sichtbar, fühlbar und hörbar. Die Vögel kehren allmählich aus ihren Winterquartieren zurück, Knospen sprießen und zartes, junges Grün bahnt sich seinen Weg ans Licht. Erste Blüten werden sichtbar und ihre Farbtupfer kündigen ebenfalls als Vorboten den Frühling an. Der Winter darf verabschiedet werden und Frühjahrsmüdigkeit weicht dem Wunsch nach Aktivität und Schaffenskraft. Selbst die ersten Frühlingsgefühle fangen sanft an zu flattern. Im März liegt auch ein kämpferischer Geist in der Luft, denn der Frühling siegt über den Winter und drängt mit neuer Energie hervor, unaufhörbar. Es ist der Monat des Auf-Bruchs.

Inspirationsfragen

Was wünscht sich dein Herz und was bringt es zum Leuchten?
Was möchtest du in deinem Leben ordnen?
Was gibt es Zartes und Neues in deinem Leben, das gerade anfängt, zu wachsen und was von dir besonderer Pflege bedarf?
Wann spürst du dich lebendig und kraftvoll und wofür möchtest du diese Energie nutzen?

Meditation (ca. 10 min)

Du findest Beispiele für die Ein- und Ausleitung deiner Meditation im ersten Buchabschnitt.

Der März hält eine wunderbare Brücke für dich bereit, die dich sanft vom Winter in den Frühling hinüber trägt. Stelle dir auf der einen Seite, auf der du stehst, den Winter vor. Auf der anderen Seite wartet der Frühling auf dich. Lasse diese Brücke einmal vor deinem inneren Auge entstehen. Jetzt bist du bereit und gehst über diese Märzbrücke.

Doch bevor du ganz über sie hinüber schreitest, nimmst du dir einen Moment lang Zeit und bleibst einen Augenblick in der Mitte der Brücke stehen. Du hältst inne und spürst zu deinem Herzen. Nimm seinen kräftigen und gleichmäßigen Herzschlag wahr und stelle dir vor, wie es dich mit allem versorgt, was du brauchst.

Hier trägst du auch deine Herzenswünsche in dir. Was wünscht sich dein Herz? Was bringt es zum Leuchten?

Dir dessen ganz bewusst, gehst du weiter über die Brücke, bis du schließlich auf der anderen Seite angekommen bist. Hier stehst du nun, in deinem Frühling. Die Knospen der Bäume lassen schon ein zartes Grün erahnen. Die Vögel zwitschern noch zaghaft, aber die Sonnenstrahlen wärmen bereits. Du spürst, dass du aufbrechen und wachsen kannst. Nimm dir einen Moment lang Zeit und genieße.

Manifestation und Kreativität (ca. 60 min)

Du kennst es wahrscheinlich selbst, dass ein sauberes und aufgeräumtes Umfeld sofort das Wohlbefinden und die Stimmung verbessert. Man „sieht wieder durch" und fühlt sich irgendwie befreit. Ein Frühjahrsputz bringt nicht nur Ordnung in dein Zuhause, sondern auch in deine Seele. So kannst du eine Runde Fenster putzen und symbolisch für eine klare Sicht sorgen – sowohl nach außen als auch nach innen. Vielleicht auch eine gute Möglichkeit, um kreativ zu werden. Wie kannst du dein Heim noch gemütlicher machen? Wolltest du schon immer etwas umgestalten oder Möbel verrücken? Komm im März in deinen kreativen Aufräum-Flow!

Zusätzlich zum „Reine machen", kannst du den März nutzen, um auszumisten: Verschenke oder gib Dinge ab, die du nicht mehr brauchst. Manches eignet sich auch, um ein Upcycling-Projekt zu starten. Aus dem Stoff von aussortierten T-Shirts kann man zum Beispiel ganz leicht waschbare und wiederverwendbare Küchentücher herstellen. Außerdem ist weniger ja bekanntlich mehr – ein minimalistischer Lebensstil schont Umwelt und Ressourcen. Hast du nicht eigentlich schon alles, was du brauchst? Versuche einen Monat lang, keine neuen Klamotten zu kaufen und greife auf das zurück, was bereits da ist.

Deine Dates für mehr März-Magie

- 20. März – Internationaler Tag des Glücks – Nimm diesen Tag zum Anlass und tue mindestens eine Sache, die dich glücklich macht.
- 21. März – Frühlings-Tag-und-Nacht-Gleiche (Ostara)

Magische März-Routine

In der 3. Rauhnacht hast du dein Vision Board gestaltet. Im März kannst du es ganz bewusst und intensiv in deiner täglichen Routine verwenden. Jetzt ist auch genau der richtige Zeitpunkt, um etwas zu säen oder zu pflanzen und du kannst beides miteinander kombinieren. Verwende dafür zum Beispiel Kresse- oder Vergissmeinnichtsamen. Stelle dein Vision Board neben deine Aussaat. So kannst du in deiner täglichen Routine das sichtbare Wachstum der Pflanzen beobachten und schließlich auf dein Leben übertragen. Suche dir dafür jeden Tag aufs Neue eine Sache von deinem Vision Board aus, auf die du deinen Fokus legen möchtest. Was möchtest du zum Wachsen bringen? Welche Pflege bedarf es und wie viel Aufmerksamkeit und Fokus wird gebraucht? Tue es dem Keimling gleich und wachse von Tag zu Tag ein Stückchen mehr!

Denke daran, dass ein Vision Board niemals fertig ist, sondern genauso wie du in einem Prozess weiterentwickelt werden kann. Nimm also, wann immer du magst, Veränderungen vor, ergänze es und erfreue dich an dieser Verwandlung. Wenn du bereits seit einigen Jahren Vision Boards bastelst, kannst du auf deine Sammlung einen Blick wagen. Gibt es Themen, die immer wieder auftauchen, und welche kommen neu hinzu? Eine Reise durch deine Jahre ist zauberhaft und kraftvoll zugleich.

MONATSAUSBLICK

Journal

Monat: ....

✦ Mein Monats-Meilenstein ist:

....

....

....

✦ Mein Monats-Date mit mir ist:

....

....

....

✦ Mein Vision Board-Fokus in diesem Monat ist:

....

....

✦ Das tue ich für die Erfüllung meines 13. Wunsches:

....

....

Meine Monats-Affirmation ist:

....

....

....

Schlaf	☆☆☆☆☆☆☆☆☆☆
Emotionen	☆☆☆☆☆☆☆☆☆☆
Fitness	☆☆☆☆☆☆☆☆☆☆
Ernährung	☆☆☆☆☆☆☆☆☆☆
Verbindungen	☆☆☆☆☆☆☆☆☆☆
Gesundheit	☆☆☆☆☆☆☆☆☆☆
Wohlbefinden	☆☆☆☆☆☆☆☆☆☆
___________	☆☆☆☆☆☆☆☆☆☆
___________	☆☆☆☆☆☆☆☆☆☆

MONATSREFLEXION

Journal

Monat: ....

Monatsbewertung: ✧✧✧✧✧✧✧✧✧✧

✦ Meine schönsten Momente:

....
....
....
....

✦ Meine Herausforderungen:

....
....
....
....

✦ Meine größten Erfolge:

....
....
....
....

✦ Dafür bin ich dankbar:

....
....
....
....

Meine Erkenntnisse und Learnings:

....
....

Mein Wort des Monats:

....

Dein Platz nur für dich

Innehalten und Reflektieren hat eine ganz besondere Kraft. Deshalb ist hier viel Platz für: Check-in, Journal, Orakel, Traum, Affirmation, Meditation, Gedanken, Fragen zur Inspiration, Manifestation und Kreativität. Alles ist auf dieser Seite möglich. Fülle sie und nutze deine niedergeschriebenen Worte als Wegweiser auf deiner Jahresreise zu dir selbst!

April-Magie

30 Tage | Lebensfreude & Neubeginn

Wiederkehrende Rituale für deinen magischen Monat

Rauhnacht im vergangenen Jahr: 4. Rauhnacht
Wiederkehrende Rituale: Meditation, Date mit dir selbst, 13. Wunsch, Monatsmeilenstein, Monatsreflexion, Vision Board, Rauhnacht-Notizen
Positive Affirmation:

Ich schöpfe stetig aus meiner inneren Lebenskraft
und gehe mutig neue Wege.

Lebensfreude und Neubeginn warten auf dich im Frühlingsmonat April. Das Aprilwetter ist charakteristisch für die kommenden Wochen und ist für seine Unberechenbarkeit bekannt. So bringt es sonnige Tage, Regenschauer und manchmal sogar Schnee mit sich, was die Schönheit der Veränderung und Unvorhersehbarkeit des Lebens unterstreicht. Trotzdem ist es jetzt überall unverkennbar: Neues Leben ist da. Knospen und entfalten sich mit Wucht und Kraft, sodass ein zartes Kleid in hellgrün entsteht. Licht, Farben und spürbare Wärme umgeben dich – all das darf in dein Leben kommen und dich zu Neuem inspirieren. Spüre die Lebenskraft in dir und nutze sie, um dein volles Potenzial zu entfalten. Verwende die 30 vor dir liegenden Tage und komme in deine ganz eigene Souveränität.

Inspirationsfragen

Was sind deine Energieräuber?
Zeigst du manchmal deine zarte, weiche und empfindsame Seite?
Was möchte in dir wachsen und heraus in die Welt?
Was braucht es für ein stetiges und stabiles Wachstum?
In welchen Bereichen deines Lebens bist du bereits souverän und wo darfst du das noch mehr einladen?

Meditation (ca. 8 min)

Du findest Beispiele für die Ein- und Ausleitung deiner Meditation im ersten Buchabschnitt.

Wie ein zartgrüner Mantel, den die Natur überstreift, legt sich der Frühling über das Land. Der April ist da. Auch du fühlst, wie die Wärme langsam zurückkehrt und damit neue Lebenskraft in dir erwacht. Nimm wahr, wie sich Aktivität in dir regt und lasse dir einen Augenblick lang Zeit dafür.

Jetzt, wo du es fühlst, erlaube dir, etwas direkt zu tun. Du wagst etwas Neues und kannst einfach handeln, ohne lange zu überlegen. Vertraue deiner Intuition, die dir den Weg weist. Was tust du? Sieh dir dabei einen Augenblick lang zu und nimm deine Entschlossenheit wahr, um loszugehen.

Vielleicht traust du dich auch in diesem Moment, dich verletzlich zu zeigen. Deine zarte und empfindsame Seite kommt zum Vorschein, wie das zarte Grün der Bäume, das aus den Knospen sprießt, doch du fühlst dich dabei trotzdem lebendig und voller Hoffnung.

Vertraue darauf, dass deine Offenheit und Empfindsamkeit auf Sympathie und Anteilnahme stoßen. Spüre, wie sich dadurch neue Wege vor dir öffnen. Nimm den Mut in dir, Neues zu wagen, wahr. Fühle den Aufbruch und den Neubeginn, der in dir wächst. Du bist bereit, neue Abenteuer zu erleben, mit dem Wissen, dass du dich selbst schützen und deine Grenzen wahren kannst.

Manifestation und Kreativität (ca. 5 min)

Schon lange weiß man, dass ein Mensch sich nicht länger als 90 Minuten am Stück konzentriert und produktiv an einer Sache arbeiten kann. Beobachtest du auch bei dir, dass du manchmal wartest, ob sich deine Motivation meldet, du eine Kaffeepause einschiebst oder Tagträumen hinterher hängst? Spätestens, wenn du das bemerkst, ist es Zeit für eine Pause. Nimm sie dir und nutze sie achtsam, ganz ohne schlechtes Gewissen. Verzichte dabei bewusst auf Energieräuber wie dein Smartphone und tue etwas, das dir guttut und deine Batterien wirklich wieder auflädt. Schaue dann, wie es dir geht, wenn du aktiv regelmäßige Pausen einplanst und sie mit etwas Dienlichem füllst. Tut dir Bewegung, ein kurzes Powernap, das Aufsagen einer Affirmation oder tun dir auch nur einige bewusste Atemzüge gut? Oder du gibst dir diese wunderbar wohltuende Gesichtsmassage und kommst für einen Augenblick ganz in deinem Körper und im Spüren an.

So geht's

- Schließe deine Augen. Zum Ankommen nimm drei ganz tiefe und bewusste Atemzüge.
- Setze deine Fingerspitzen auf deiner Stirn auf und trommele ganz sanft mit den Fingerspitzen über deine Stirn, so wie ein ganz zarter Frühlingsregen.
- Nimm danach deine Augenbrauen zwischen Daumen und Zeigefinger. Beginne an der Nasenwurzel und knete deine Augenbrauen einmal mit einem sanften Druck. Wiederhole gerne!
- Bringe deine Handballen dann auf deine Schläfen und kreise hier mit einem sanften Druck. Wie fühlt sich das für dich an?
- Setze dann deine Fingerspitzen auf deiner Kopfhaut auf und fange an, mit sanftem Druck jeden Zentimeter deiner Kopfhaut ausgehend von deiner Stirn bis hin zu deinem Nackenanfang liebevoll zu berühren. Lass dir ausreichend Zeit. Genieße!

- Fasse dann mit deiner rechten Hand an deine linke Schulter und gib dir selbst eine angenehme Schultermassage. Tausche dann nach einiger Zeit die Seiten.
- Bedanke dich bei dir selbst, dass du dir diese Massage und
- den Moment nur für dich geschenkt hast.

Deine Dates für mehr April-Magie

- 1. April – Welttag der Kreativität und Innovation – Sei mutig und probiere heute etwas ganz Neues aus oder werde kreativ.
- 30. April – Beltane

Magische April-Routine

Da gibt es immer wieder diese lästigen Aufgaben, die du vor dir her schiebst, denn plötzlich erscheinen dir andere Dinge viel wichtiger, und du machst: nichts. Prokrastination ist ein großer Energieräuber, der dich daran hindern kann, dein persönliches Potenzial frei zu entfalten. Denn du weißt es selbst, wichtige Aufgaben verschwinden nicht von selbst. Stattdessen bleiben sie im Hinterkopf, verursachen Stress, rauben Energie und dein schlechtes Gewissen wächst.

Iss die Fliege! Täglich! Wie wäre es, wenn du jeden Tag im April als erstes eine wirklich ungeliebte Aufgabe erledigst, die du sonst vor dir herschieben würdest? Schreibe dafür am Ende des Tages die eine Aufgabe, vor der du dich drücken möchtest, für den nächsten Tag auf und lege sie damit als Priorität Nummer eins fest. Am nächsten Tag erledigst du diese Aufgabe als erste und isst symbolisch gesehen damit deine Fliege! Du wirst merken, was für ein befriedigendes und befreiendes Gefühl dadurch gleich am Anfang deines Tages entsteht. Lass das zu deiner April-Routine werden. Deine zurückgewonnene Energie kannst du einsetzen, um etwas nur für dich zu tun. Sei stolz auf dich, jeden Tag, an dem du eine Fliege isst! Deine Fliegenaufgabe langweilt dich? Mach es dir bei der Erledigung dessen richtig schön: Hör deine Lieblingsmusik oder genieße ein besonderes Getränk dabei. Es kann an dieser Stelle sehr hilfreich sein, wenn du dir eine Gefährtin / einen Gefährten suchst, der die gleiche Routine macht. Dann könnt ihr euch unterstützen und geht zusammen durch den Prozess.

MONATSAUSBLICK

Journal

Monat: ....

✦ Mein Monats-Meilenstein ist:

....

....

....

✦ Mein Monats-Date mit mir ist:

....

....

....

✦ Mein Vision Board-Fokus in diesem Monat ist:

....

....

✦ Das tue ich für die Erfüllung meines 13. Wunsches:

....

....

Meine Monats-Affirmation ist:

....

....

....

Schlaf	★★★★★★★★★★
Emotionen	★★★★★★★★★★
Fitness	★★★★★★★★★★
Ernährung	★★★★★★★★★★
Verbindungen	★★★★★★★★★★
Gesundheit	★★★★★★★★★★
Wohlbefinden	★★★★★★★★★★
__________	★★★★★★★★★★
__________	★★★★★★★★★★

MONATSREFLEXION

Journal

Monat: ....

Monatsbewertung: ✧✧✧✧✧✧✧✧✧✧

✦ Meine schönsten Momente:

✦ Meine Herausforderungen:

✦ Meine größten Erfolge:

✦ Dafür bin ich dankbar:

Meine Erkenntnisse und Learnings:

Mein Wort des Monats:

Dein Platz nur für dich

Innehalten und Reflektieren hat eine ganz besondere Kraft. Deshalb ist hier viel Platz für: Check-in, Journal, Orakel, Traum, Affirmation, Meditation, Gedanken, Fragen zur Inspiration, Manifestation und Kreativität. Alles ist auf dieser Seite möglich. Fülle sie und nutze deine niedergeschriebenen Worte als Wegweiser auf deiner Jahresreise zu dir selbst!

Mai-Magie

31 Tage | Liebe & Blüte

Wiederkehrende Rituale für deinen magischen Monat

Rauhnacht im vergangenen Jahr: 5. Rauhnacht
Wiederkehrende Rituale: Meditation, Date mit dir selbst, 13. Wunsch, Monatsmeilenstein, Monatsreflexion, Vision Board, Rauhnacht-Notizen
Positive Affirmation:

Jeder Tag bringt mir neue Möglichkeiten,
Liebe zu erleben und zu teilen.

Frühlingserwachen und die ersten warmen Tage: Willkommen, Mai! Tanz doch einmal in den Mai hinein, denn welcher Monat eignet sich mehr zum Tanzen als der Monat der Liebe? Früher wurde auch der zauberhafte Name „Blumenmond" verwendet, denn die meisten Pflanzen stehen genau jetzt in voller Blüte. Feste wie der Maifeiertag feiern den Beginn der warmen Jahreszeit und laden zu Gemeinschaft und Freude ein. In der Magie des Monats ist auch das Wort Wonne verankert, was jedoch ursprünglich auf den Weidemonat zurückzuführen ist. Sinnlichkeit, körperliche Wonne und Fruchtbarkeit sind jedoch heute fest mit dem Monat Mai verknüpft.

Inspirationsfragen

Bist du es wert, geliebt zu werden?
In welchen Bereichen kannst du mehr Selbstliebe entwickeln?
Welche Rollen spielen Kommunikation und Vertrauen in deinen aktuellen oder vergangenen Beziehungen?
Wie kannst du deine Beziehungen bewusster gestalten und mehr Liebe in dein Leben einladen?

Meditation (ca. 10 min)

Du findest Beispiele für die Ein- und Ausleitung deiner Meditation im ersten Buchabschnitt.

Stell dir vor, du befindest dich in einem wunderschönen Garten im Mai. Es ist so einladend hier in deinem Garten und wenn du möchtest, kannst du deine Schuhe und Socken einmal ausziehen, denn die Sonne scheint bereits angenehm wärmend! Jetzt spürst du das Gras unter deinen Füßen und tief in dir kommt der Wunsch auf, zu tanzen. Und genau das tust du jetzt auch. Du tanzt in den Mai hinein und heißt ihn damit willkommen.

Erlaube dir, in deinem Tanz alle Gefühle auszudrücken, die sich dir jetzt zeigen, ob Trauer, Wut, Freude, Leichtigkeit oder Liebe. Du verleihst deinen Gefühlen im Tanz Ausdruck und es fühlt sich so gut an, hier und heute in diesem Garten befreit zu tanzen. Nur du und dein Tanz, ohne bewertet zu werden. Du bist im Flow, alles darf da sein.

Während du tanzt, atmest du ein und spürst, wie die frische, nach Fliederduftende Luft deine Lungen füllt. Mit jedem Atemzug werden deine Sinne wacher und schärfer. Du nimmst aufmerksam jedes Geräusch aus der Natur um dich herum wahr. Du riechst die Süße der Blüten und schmeckst die Frühlingsfrische des Windes. Du spürst das Gras unter deinen Füßen und die wärmenden Sonnenstrahlen auf deiner Haut. Erlaube dir, den vollen Genuss dieses Moments zu erleben. Fühle die Lebensfreude, die in dir erwacht, und lasse sie in jede Zelle deines Körpers strömen.

Manifestation und Kreativität (ca. 15 min)

Erinnere dich an die Meditation aus der 5. Rauhnacht. Hast du dir eine Affirmation gemerkt oder bist du gar kreativ geworden und hast dir eine Karte daraus gebastelt? Hole sie nun hervor und nimm den Mai zum Anlass, die Kraft dieser Affirmation zu entfalten. Die Liebe zu dir selbst hat einen ganz besonderen Stellenwert, denn wenn du dich selbst liebst, kannst du dies auch in anderen Beziehungen leben.

Nimm den Mai und das Frühlingserwachen zum Anlass, wieder einmal ein Stück barfuß zu laufen. Als Kind hast du das bestimmt oft gemacht und nun hast du den perfekten Anlass, um längst Vergessenes wieder zum Leben zu erwecken. Wenn du ohne Schuhwerk unterwegs bist, hast du die Möglichkeit, auf eine andere Art und Weise deine Affirmation zu festigen, indem du sie beim achtsamen Laufen Schritt für Schritt im Geiste wiederholst. Unterstützt durch diese neue Körper- und Sinnesempfindung, speicherst du deinen Kraftsatz noch einmal ganz anders ab. Lebe die Freude im Augenblick!

Deine Dates für mehr Mai-Magie

- 21. Mai – Internationaler Tag des Tees – Nimm diesen Tag zum Anlass und koche dir ganz bewusst einen Tee, den du dann mit allen Sinnen tagträumend genießt.

Magische Mai-Routine

Oft bleibt im Alltag kaum Zeit für Liebe, Anerkennung und Wertschätzung, dabei suchen vor allem wir Menschen genau das. Um deine zwischenmenschliche Beziehung zu deinen Herzensmenschen in den Vordergrund zu stellen und zu pflegen, bietet sich der Mai und seine Magie besonders an. Kleine Gesten, die nicht viel Zeit kosten, bewirken schon große Freude und auch einem anklopfenden schlechten Gewissen, dass du es schon lange nicht mehr geschafft hast, etwas für eine Beziehung zu tun, kannst du so zuvorkommen. Nimm dir für deine magische Mai-Routine diese fünf unterschiedlichen Möglichkeiten, deiner Liebe Ausdruck zu verleihen, vor und notiere sie fest in deinem Kalender oder lass sie zu deiner täglichen Routine werden. Schaffe damit Verbundenheit und Momente, die dein Herz und auch das des anderen berühren.

Liebe schenken

1. Schenke jemandem anerkennende Worte.
2. Mache jemandem ein Geschenk.
3. Biete jemandem deine Hilfsbereitschaft an.
4. Verbringe mit jemandem exklusiv Zeit zu zweit.
5. Schenke jemandem körperliche Nähe.

MONATSAUSBLICK

Journal

Monat: ....

✦ Mein Monats-Meilenstein ist:

....
....
....

✦ Mein Monats-Date mit mir ist:

....
....
....

✦ Mein Vision Board-Fokus in diesem Monat ist:

....
....

✦ Das tue ich für die Erfüllung meines 13. Wunsches:

....
....

Meine Monats-Affirmation ist:

....
....
....

Schlaf	★★★★★★★★★★
Emotionen	★★★★★★★★★★
Fitness	★★★★★★★★★★
Ernährung	★★★★★★★★★★
Verbindungen	★★★★★★★★★★
Gesundheit	★★★★★★★★★★
Wohlbefinden	★★★★★★★★★★
___________	★★★★★★★★★★
___________	★★★★★★★★★★

MONATSREFLEXION

Journal

Monat: ....

Monatsbewertung: ✧✧✧✧✧✧✧✧✧✧

✦ Meine schönsten Momente:

....
....
....
....

✦ Meine Herausforderungen:

....
....
....
....

✦ Meine größten Erfolge:

....
....
....
....

✦ Dafür bin ich dankbar:

....
....
....
....

Meine Erkenntnisse und Learnings:

....
....

Mein Wort des Monats:

....

Dein Platz nur für dich

Innehalten und Reflektieren hat eine ganz besondere Kraft. Deshalb ist hier viel Platz für: Check-in, Journal, Orakel, Traum, Affirmation, Meditation, Gedanken, Fragen zur Inspiration, Manifestation und Kreativität. Alles ist auf dieser Seite möglich. Fülle sie und nutze deine niedergeschriebenen Worte als Wegweiser auf deiner Jahresreise zu dir selbst!

Juni-Magie

30 Tage | Kraft & Entfaltung

Wiederkehrende Rituale für deinen magischen Monat

Rauhnacht im vergangenen Jahr: 6. Rauhnacht
Wiederkehrende Rituale: Meditation, Date mit dir selbst, 13. Wunsch, Monatsmeilenstein, Monatsreflexion, Vision Board, Rauhnacht-Notizen
Positive Affirmation:

Ich nutze meine innere Kraft,
um mein volles Potenzial zu entfalten.

Lichtdurchflutet, so präsentiert sich der Juni, denn die Sonne steht am höchsten in diesen 30 Tagen des Jahres. Es ist der Monat von Shakespeares Sommernachtstraum und den elfenhaften Naturgeistern. Die Tage im Juni fühlen sich magisch an und die Natur pulsiert voller Energie. Das zarte Maiengrün wandelt sich zu kräftigem Frühsommergrün und alles befindet sich intensiv im Wachstum. Ein Überfluss an Kraft, Leben und Vielfalt kann von dir wahrgenommen werden und so kannst du den Rosenmonat in vollen Zügen genießen. Schau aufmerksam, was dir begegnet, und heiße den Juni willkommen!

Inspirationsfragen

Was ist deine Aufgabe im Juni und was braucht es, um sie zu erfüllen?
Wo spürst du deine ganze Kraft und wie gelingt es, diese auf andere Lebensbereiche zu übertragen?
In welchem Bereich deines Lebens darfst du dich mehr entfalten?
Welcher Kraftsatz kann dein Vorhaben unterstützen?

Meditation (ca. 10 min)

Du findest Beispiele für die Ein- und Ausleitung deiner Meditation im ersten Buchabschnitt.

Stelle dir einmal vor, du sitzt auf einer wunderschönen Lichtung. Genau in der Mitte nimmst du deinen Platz ein und du fühlst dich hier unglaublich wohl. Es ist ein einladender Ort, an dem du so sein kannst, wie du bist. Vielleicht bist du auch an einem ganz anderen Ort in der Natur. Dann ist das auch okay.

Du sitzt hier und genießt es, dass die Sonne auf dich scheint. Dein Gesicht reckst du ihr entgegen und auch dein Körper ist vollkommen umschlungen von dich wärmenden Sonnenstrahlen. Du fühlst dich geborgen, du fühlst dich ganz und gar sicher. Wie von selbst nimmst du in diesem Moment deine Lichtseiten wahr. Dein Licht, es strahlt und leuchtet so intensiv, so kraftvoll.

Gehe noch einmal in Gedanken zum Monat Mai. Welche Erinnerungen kommen dir? Ganz gleich, was du erlebt hast, vielleicht kannst du dich mit einer sanften Umarmung bei ihm bedanken. Danke, Mai! Danke für deine wunderbaren Momente, die du mir geschenkt hast. Danke für deine Herausforderungen, die mich haben wachsen lassen.

Jetzt ist die Zeit, um dich ganz auf den Monat Juni einzustimmen. Hier an deinem Platz sitzend, fragst du dich selbst, was du im Juni in die Welt bringen möchtest. Was ist deine Aufgabe? Ist es etwas Berufliches oder Privates, für das du losgehen möchtest? Worauf lenkst du deinen Fokus und deine gesamte Aufmerksamkeit? Welche Bereiche wollen sich von dir entfalten und streben dem Licht entgegen? Nimm dir einen Augenblick lang Zeit und beobachte einfach, was sich dir zeigen möchte.

Manifestation und Kreativität

Im Juni kannst du auf eine alte Tradition zurückgreifen und dir einen Schutzbeutel aus frisch gesammelten, in der Juni-Sonne getrockneten Kräutern herstellen. Denn jetzt fangen die Kräuter an, heilende Öle und Säfte zu bilden. Diese magischen Helfer fangen für dich die lichtvolle und positive Energie des Junis ein und können dich so im weiteren Jahresverlauf begleiten und dir in dunklen Momenten Kraft und Zuversicht schenken. Im kommenden Jahr erneuerst du diesen Schutz- und Segenszauber. Unter anderem kannst du im Juni folgende Pflanzen finden und sammeln: Schafgarbe, Beifuß, Königskerze, Holunderblüten, Lindenblüten, Ringelblumen, Wiesenkerbel, Kamille, Kornblume, Johanniskraut.

Kräuter und Pflanzen im Juni und ihre Wirkungen:

- Holunderblüten: getrocknet als Erkältungstee – wirkt schleimlösend und schweißtreibend
- Lindenblüten: getrocknet als Erkältungstee – wirkt antibakteriell und antiviral
- Johanniskraut: getrocknet als Tee – wirkt gegen depressive Verstimmungen
- Kamille: getrocknet als Tee bei Bauchschmerzen und Übelkeit – wirkt beruhigend und einschlaffördernd

Magische Juni-Routine

Nun bricht bereits der 6. Monat an, in dem du dieses Buch verwendest. Bemerkst du vielleicht schon Veränderungen? Manchmal können Veränderungen auch schmerzlich sein. Vor allem dann, wenn man sein bisheriges Leben immer innerhalb der Komfortzone und seinem eigenen gesteckten System starr verharrt hat. Das System, welches du dir aufgebaut hast, mit allen Glaubenssätzen, die es stützen, darf sich verändern. Aber das erfordert Mut und Courage. Denn ganz klar ist, dass das System erhalten bleiben möchte und alles dafür tut, damit genau dies nicht passiert: Veränderungen.

Blicke doch einmal zurück. Was hat dich beim „Reine machen" in der 6. Rauhnacht beschäftigt? Vielleicht möchtest du genau das zum Anlass nehmen, um ebenfalls in diesem Monat weiter sauberzumachen. Ganz gleich, ob es sich dabei um Glaubenssätze, materielle Dinge, von denen du dich trennen möchtest, um „in die Ordnung zu kommen" oder aber um zwischenmenschliche oder berufliche Themen handelt. Verabschiede an jedem Tag in deiner Juni-Routine eine Sache, die dir nicht guttut und nimm bewusst Abschied. So hast du 30 Tage Zeit, um dein System neu zu ordnen. Kreuze für jeden Tag deiner erfolgreichen Juni-Routine einen Stern ab. Mache so deinen Erfolg sichtbar!

Woche 1 ☆ ☆ ☆ ☆ ☆ ☆ ☆

Woche 2 ☆ ☆ ☆ ☆ ☆ ☆ ☆

Woche 3 ☆ ☆ ☆ ☆ ☆ ☆ ☆

Woche 4 ☆ ☆ ☆ ☆ ☆ ☆ ☆

Woche 5 ☆ ☆ ☆

Deine Dates für mehr Juni-Magie

- 20. oder 21. Juni – Sommersonnenwende (Litha)
- 21. Juni – Internationaler Tag der selbstgemachten Musik – Heute ist der Tag, um musikalisch zu sein. Pfeifen gilt auch als selbstgemachte Musik.

MONATSAUSBLICK

Journal

Monat: ....

✦ Mein Monats-Meilenstein ist:

....

....

....

✦ Mein Monats-Date mit mir ist:

....

....

....

✦ Mein Vision Board-Fokus in diesem Monat ist:

....

....

✦ Das tue ich für die Erfüllung meines 13. Wunsches:

....

....

Meine Monats-Affirmation ist:

....

....

....

Schlaf	★★★★★★★★★★
Emotionen	★★★★★★★★★★
Fitness	★★★★★★★★★★
Ernährung	★★★★★★★★★★
Verbindungen	★★★★★★★★★★
Gesundheit	★★★★★★★★★★
Wohlbefinden	★★★★★★★★★★
___________	★★★★★★★★★★
___________	★★★★★★★★★★

MONATSREFLEXION

Journal

Monat: ....

Monatsbewertung: ✧✧✧✧✧✧✧✧✧✧

✦ Meine schönsten Momente:

✦ Meine Herausforderungen:

✦ Meine größten Erfolge:

✦ Dafür bin ich dankbar:

Meine Erkenntnisse und Learnings:

Mein Wort des Monats:

Dein Platz nur für dich

Innehalten und Reflektieren hat eine ganz besondere Kraft. Deshalb ist hier viel Platz für: Check-in, Journal, Orakel, Traum, Affirmation, Meditation, Gedanken, Fragen zur Inspiration, Manifestation und Kreativität. Alles ist auf dieser Seite möglich. Fülle sie und nutze deine niedergeschriebenen Worte als Wegweiser auf deiner Jahresreise zu dir selbst!

Juli-Magie

31 Tage | Fülle & Wachstum

Wiederkehrende Rituale für deinen magischen Monat

Rauhnacht im vergangenen Jahr: 7. Rauhnacht
Wiederkehrende Rituale: Meditation, Date mit dir selbst, 13. Wunsch, Monatsmeilenstein, Monatsreflexion, Vision Board, Rauhnacht-Notizen
Positive Affirmation:

Ich öffne mich für ein Leben in Fülle.

Willkommen, du wunderbarer Monat Juli! 31. Tage der Fülle liegen vor dir, die alles für dich bereit halten. Licht, Sonne, Wachstum, Wärme, Lebensfreude, Blüten. Du kannst daher ganz sprichwörtlich aus dem Vollen schöpfen und deine inneren Batterien wieder aufladen. Der alte Name für den Juli lautet Honigmonat und steht sinnbildlich für den Genuss und die Frage: „Was willst du mehr?" Nutze die langen Tage und lauen Nächte, um bewusst Momente des Glücks zu erleben. Lass dich von der Natur inspirieren und fülle dein Herz mit der Leichtigkeit des Sommers. Dieser Monat lädt dich, ein die kleinen Freuden des Lebens zu feiern.

Inspirationsfragen

In welchen Bereichen deines Lebens nimmst du bereits Fülle wahr
und wo möchtest du mehr?
Was braucht es von dir, um das „Mehr" zu erreichen?
Welche alten und limitierenden Gewohnheiten oder Denkmuster
kennst du und bist du bereit, diese loszulassen,
um dein persönliches Wachstum zu fördern?
Wo darfst du dir die Erlaubnis geben, aus dem Vollen zu schöpfen?

Meditation (ca. 10 min)

Du findest Beispiele für die Ein- und Ausleitung deiner Meditation im ersten Buchabschnitt.

Visualisiere nun einen Raum um dich herum, der dir gehört. Es ist dein Raum, den du bewusst einnehmen darfst, um dein volles Potenzial zu entfalten. Spüre die Weite dieses Raumes und die Möglichkeiten, die er dir bietet. In diesem sicheren Raum kannst du noch einmal an den Monat Juni denken. Welche Herausforderungen sind dir begegnet? An welche besonders schönen Momente erinnerst du dich? Hast du einen wichtigen Meilenstein erreicht, dein Date mit dir selbst genossen? Bedanke dich einmal beim Monat Juni für all das, was er dir geschenkt hat.

Denke nun einmal ganz bewusst an den Juli. Ein Monat voller Fülle liegt vor dir, 31 Tage, die das Leben für dich bereithält. Spüre, wie du ganz sinngemäß aus dem Vollen schöpfst. Lasse die entstehende Fülle in deinem Inneren und um dich herum strömen, und erlaube dir, sie wahrzunehmen und schließlich zu genießen.

Richte deine Aufmerksamkeit nun auf den inneren und äußeren Reichtum, den du bereits hast. Wie unglaublich schön das Leben doch ist. Nimm einfach wahr und frage dich selbst: Woran möchtest du reicher sein? Was möchtest du mehr? Erlaube dir, groß zu denken, denn in deinem Raum existieren keine Limitierungen!

Atme tief ein und aus, während du dich auf deinen inneren Raum konzentrierst. Gib diesem Raum einen Titel. Es kann dein Juli-Raum sein. Welche Überschrift gibst du ihm? Dein Raum der Klarheit, der Fülle, des Wachstums, der Lebensfreude und der Wärme? Oder auch etwas ganz anderes. Lasse die Antworten zu, die aus deinem Herzen kommen und nimm sie mit in deinen Monat Juli!

Manifestation und Kreativität (ca. 15 min)

Erinnere dich an die 7. Rauhnacht. Hier ist dir vielleicht ein Jahreskraftsatz oder auch ein Motto begegnet, das du notiert hast. Oftmals ist es so, dass dir diese Kraftsätze oder auch Affirmationen sofort etwas sagen, weil du mit ihrer Botschaft in Resonanz gehst. Es fallen dir Lebenssituationen ein, auf die dieser Satz genau zutrifft und du erkennst dich wieder. Manchmal ist es aber auch so, dass du eine Affirmation anblickst und du so gar nicht weißt, was du damit anfangen sollst. Bei Jahreskraftsätzen kann dies eine besondere Magie bedeuten. Denn das Jahr hat 365 Tage voller Möglichkeiten und ein Jahreskraftsatz kann seine Wirkung und Bedeutung im Laufe der Monate entfalten. Plötzlich liest du ihn noch einmal durch und es fällt dir wie Schuppen von den Augen. Du denkst: „Ja, jetzt verstehe ich, was die Botschaft ist!" Deshalb bist du heute eingeladen, dir einmal deinen Jahreskraftsatz hervorzuholen. Hast du in der 7. Rauhnacht kein Motto notiert, kannst du dies nun einfach nachholen, indem du dich gedanklich mit der 7. Rauhnacht verbindest. Hat sich etwas verändert, wenn du deinen Kraftsatz nun durchliest? Zeigt sich dir eine andere Bedeutung als noch vor ein paar Monaten? Welche Schlüsse ziehst du hieraus? Kannst du eine Verbindung zu deinem Juli-Raum erkennen? Du kannst deinen Kraftsatz manifestieren, indem du ihn in Gedanken mantraartig wiederholst. Nimm dir Zeit genau dafür.

Magische Juli-Routine

Erinnerst du dich noch an die Meditation aus der 7. Rauhnacht und das reinigende Bad, das du vielleicht anlässlich dazu genommen hast? Blättere doch einmal zurück und schaue dir deine Mitschriften dazu an. Vielleicht hast du auch jetzt wieder Lust, ein kleines Ritual zu machen. Da jetzt Sommer ist, kannst du dein Reinemachen abwandeln, denn inmitten des Chaos und Trubels um dich herum kannst du immer innere Ruhe finden. Es gibt einen solchen Ort in dir, an den du dich zurückziehen kannst, unabhängig davon, wie turbulent das Leben um dich herum ist.

Um diese innere Ruhe zu finden, kannst du ein einfaches Ritual machen und Reinigung, Jahresaffirmation oder deinen Juli-Raum miteinander verbinden. Trink jeden Tag im Juli ein Glas nach diesem Ritual und lasse jeden Schluck, den du daraus trinkst, magisch werden. Diese Art des bewussten Trinkens ist dein Anker für positive Veränderung in deinem Leben.

Reinigendes Wasser

Nimm ein Glas und fülle es mit Wasser. Halte das Glas in deinen Händen und beobachte das kühle Nass. Siehst du, wie es sich bewegt? Warte geduldig, bis das Wasser vollkommen still ist. Spüre die Ruhe, die von diesem stillen Wasser ausgeht.

Nun trinke das Wasser Schluck für Schluck, achtsam und bewusst. Mit jedem Schluck stellst du dir vor, wie du dich innerlich reinigst. Lasse mit jedem Schluck negative Gedanken oder belastende Gefühle los. Spüre, wie du freier wirst.

Nachdem du das Wasser getrunken hast, nimm dir einen Moment Zeit, um in dich hineinzuhorchen. Wie geht es dir jetzt? Spürst du die innere Ruhe, die sich in dir ausgebreitet hat? Fühlst du dich gereinigt und befreit?

Fülle das Glas erneut auf. Mit jedem Schluck, den du nimmst, wiederholst du in Gedanken deine Jahresaffirmation oder das Wort deines Juli-Raumes. Stell dir vor, wie durch das aufgenommene Wasser jede deiner Zellen mit diesem Kraftsatz in Berührung kommt und du sie so verinnerlichst.

Deine Dates für mehr Juli-Magie

- 22. Juli – Internationaler Tag der Hängematte – Müßiggang darf in dein Leben kommen. Einfach mal die Seele baumeln lassen.

MONATSAUSBLICK

Journal

Monat: ....

✦ Mein Monats-Meilenstein ist:

....

....

....

✦ Mein Monats-Date mit mir ist:

....

....

....

✦ Mein Vision Board-Fokus in diesem Monat ist:

....

....

✦ Das tue ich für die Erfüllung meines 13. Wunsches:

....

....

Meine Monats-Affirmation ist:

....

....

....

Schlaf	★★★★★★★★★★
Emotionen	★★★★★★★★★★
Fitness	★★★★★★★★★★
Ernährung	★★★★★★★★★★
Verbindungen	★★★★★★★★★★
Gesundheit	★★★★★★★★★★
Wohlbefinden	★★★★★★★★★★
____________	★★★★★★★★★★
____________	★★★★★★★★★★

MONATSREFLEXION

Journal

Monat: ....

Monatsbewertung: ✧✧✧✧✧✧✧✧✧✧

✦ Meine schönsten Momente:

✦ Meine Herausforderungen:

✦ Meine größten Erfolge:

✦ Dafür bin ich dankbar:

Meine Erkenntnisse und Learnings:

Mein Wort des Monats:

Dein Platz nur für dich

Innehalten und Reflektieren hat eine ganz besondere Kraft. Deshalb ist hier viel Platz für: Check-in, Journal, Orakel, Traum, Affirmation, Meditation, Gedanken, Fragen zur Inspiration, Manifestation und Kreativität. Alles ist auf dieser Seite möglich. Fülle sie und nutze deine niedergeschriebenen Worte als Wegweiser auf deiner Jahresreise zu dir selbst!

August-Magie

31 Tage | Ernte & Prüfzeit

Wiederkehrende Rituale für deinen magischen Monat

Rauhnacht im vergangenen Jahr: 8. Rauhnacht
Wiederkehrende Rituale: Meditation, Date mit dir selbst, 13. Wunsch, Monatsmeilenstein, Monatsreflexion, Vision Board, Rauhnacht-Notizen
Positive Affirmation:

Ich gestalte mein Leben aktiv
und hole die reiche Ernte ein.

Es ist Erntezeit! Der August mit seinen 30 Tagen ist eine reiche Zeit. Doch vor dem Vorgang des eigentlichen Erntens braucht es den Schritt, Verantwortung zu übernehmen. Du kannst entscheiden, was, wann, wo und wie zu geschehen hat. Voller Tatendrang wählst du die Aktivität, denn wenn du passiv bleibst und lediglich zusiehst, dann werden deine Früchte, die der Lohn für all deine Bemühungen sind, überreif und das Korn schlecht. Jetzt ist die beste Prüfzeit. Wie weit bist du gekommen, was hast du bisher umgesetzt? Betrachte dabei sowohl die physische als auch die emotionale Ebene. Falls es etwas zu verändern gibt, gehe aktiv los. Das, was du jetzt erntest, bringt dich durch den Winter, leuchtet für dich in der Dunkelheit und wärmt dich in der kalten Jahreszeit. Du setzt deinen Fokus klar und bestimmt, denn dieser ist auch immer vorausschauend.

Inspirationsfragen

In welchem Lebensbereich braucht es mehr Eigenverantwortung?
Wo kannst du aktiv werden?
Welchen Bereich deines Lebens stellst du auf den Prüfstand?
Wie weit bist du gekommen, was hast du bisher umgesetzt?
Was ist reif und will geerntet werden und
wie kannst du deine Ernte für den Winter konservieren?

Meditation (ca. 8 min)

Du findest Beispiele für die Ein- und Ausleitung deiner Meditation im ersten Buchabschnitt.

Stell dir vor, du stehst vor einem Feld mit reifen Korn. In den letzten Monaten und im Juli ist es gewachsen und nun schimmert es goldgelb in der Sommersonne. Bedanke dich bei den letzten 31. Tagen, in denen auch du wachsen und reifen durftest und nimm dir einen Moment Zeit, um zurückzublicken.

Du weißt, dass jetzt der Zeitpunkt gekommen ist, zu ernten. Es ist der Moment, deine wohlverdiente Belohnung für all deine Arbeit und Mühe einzustreichen. Hier vor diesem Feld stehend, wählst du die Selbstbestimmung und Eigenverantwortlichkeit. Denn du entscheidest über dich und dein Leben. Du lässt die Passivität hinter dir und bringst den Mut auf, aktiv zu werden. Du setzt den ersten Schnitt und erntest den ersten Halm. Es fühlt sich richtig und gut an. Und du fährst mit deiner Ernte fort, Halm für Halm, Korn für Korn, bis du das ganze Feld geerntet hast.

Schließlich blickst du auf einen stattlichen Vorrat an Korn hinunter. Dein Werk ist vollbracht.

Wohlwollend richtest du deine Aufmerksamkeit nun auf den kommenden Monat. Der August schenkt dir die Möglichkeit, noch einmal zu überdenken, was du in deinem Leben bisher erreicht hast. Deine Reflektion führt dich zu neuem Fokus. Mache dir bewusst, dass dein Fokus immer vorausschauend ist und dafür sorgt, dass du auch in der dunklen Jahreszeit gut versorgt bist. Spüre dem Gefühl der Sicherheit nach, welches du bei diesem Gedanken vielleicht empfindest.

Manifestation und Kreativität (ca. 60 min)

Nimm dir extra viel Zeit fürs Essen in deinem Alltag. Denn vielleicht isst du auch viel zu schnell zwischen Tür und Angel, obwohl Essen zu einem so schönen Event werden kann. Mache es dir doch mindestens einmal im August so richtig gemütlich. Vielleicht kochst du sogar exklusiv nur für dich selbst. Decke den Tisch feierlich, dekoriere und zünde Kerzen an. Oder wie wäre es mit einem Picknick unter freiem Himmel? Erlebe die Lebensmittel, die du besorgt hast mit allen Sinnen. Wie fühlt sich etwas an? Wie riecht etwas? Nimm dir ausreichend Zeit für deine Sinnesreise.
Dann, wenn alles angerichtet ist, iss so, als würdest du zum allerersten Mal in deinem Leben essen. Wie schmeckt es? Wie ist die Beschaffenheit? Erinnert es dich an etwas? Lass dir Zeit und genieße. Danke am Schluss dafür, dass du gut versorgt bist.

Nimm dein Experiment als Impuls, um darüber nachzudenken, ob du gut genießen kannst. Wenn nicht, was hindert dich daran?
Wie kannst du für mehr Genussfreude in deinem Leben sorgen?

Deine Dates für mehr August-Magie

- 1. August – Schnitterinnenfest (Lammas)
- 15. August – Tag der Kräuterweihe – Wenn du selbst Pflanzen sammeln möchtest, dann ist jetzt der beste Zeitpunkt, um raus in die Natur zu ziehen.

Magische August-Routine

Dein Körper ist dein einziges zu Hause und natürlich möchte es gepflegt werden. Neben Schlaf und Bewegung ist auch die Ernährung maßgeblich mit dafür verantwortlich, wie es dir geht. Nimm dir für jeden Tag aufs Neue vor, gut für dich zu sorgen und gesunde und hochwertige Lebensmittel zu dir zu nehmen. Welcher Monat würde sich besser dafür eignen als der Erntemonat August, wo es fast alles frisch und auch von lokalen Anbietern gibt. Wie wäre es also, zum Beispiel jeden Tag mehr Gemüse zu essen, sich ausreichend mit Trinken zu versorgen und frisch zu kochen? Oder du möchtest bewusst etwas weglassen, von dem du weißt, dass es dir nicht guttut. Egal, was du in diesem Bereich veränderst, es wird dir bestimmt wohl bekommen. Lege also heute fest, worauf du achten möchtest und trage es dir fest in dein bestehendes Kalendersystem ein.
Überfordere dich nicht, falls du noch nicht ganz so viele gesunde Essensgewohnheiten in deinem Leben etabliert hast. Sei sanft und liebevoll mit dir und gehe Schritt für Schritt.

Dabei erfolgen Veränderungen Schritt für Schritt, Tag für Tag. Bestimme ein Vorhaben, das du in deinem Leben anders gestalten möchtest und fange heute damit an. Erlebe die positiven Auswirkungen und schöpfe darauf aufbauend die Kraft, um dir die nächste Sache vorzunehmen.

Starte gleich gesund in deinen Tag und probiere den getreidefreien Porridge aus (Zutaten für 1 Portion):

- 2 EL geschrotete Leinsamen
- 2 EL ungeschälte Mandeln
- 1 EL Sonnenblumenkerne oder Kürbiskerne
- 1 – 2 EL Chiasamen
- 1 El Kokosraspeln
- 2 TL Kakao-Pulver
- 1/4 TL Zimt
- 200 – 250 ml Erbsenmilch oder jede andere Milchalternative
- Gib wahlweise ca. 70 g Obst hinzu
  (im August reif: Aprikosen, Brombeeren, Heidelbeeren, Erdbeeren, Himbeeren).

MONATSAUSBLICK

Journal

Monat: ....

✦ Mein Monats-Meilenstein ist:

....

....

....

✦ Mein Monats-Date mit mir ist:

....

....

....

✦ Mein Vision Board-Fokus in diesem Monat ist:

....

....

✦ Das tue ich für die Erfüllung meines 13. Wunsches:

....

....

Meine Monats-Affirmation ist:

....

....

....

Schlaf	★★★★★★★★★★
Emotionen	★★★★★★★★★★
Fitness	★★★★★★★★★★
Ernährung	★★★★★★★★★★
Verbindungen	★★★★★★★★★★
Gesundheit	★★★★★★★★★★
Wohlbefinden	★★★★★★★★★★
____________	★★★★★★★★★★
____________	★★★★★★★★★★

MONATSREFLEXION

Journal

Monat: ....

Monatsbewertung: ✧✧✧✧✧✧✧✧✧✧

✦ Meine schönsten Momente:

✦ Meine Herausforderungen:

✦ Meine größten Erfolge:

✦ Dafür bin ich dankbar:

Meine Erkenntnisse und Learnings:

Mein Wort des Monats:

Dein Platz nur für dich

Innehalten und Reflektieren hat eine ganz besondere Kraft. Deshalb ist hier viel Platz für: Check-in, Journal, Orakel, Traum, Affirmation, Meditation, Gedanken, Fragen zur Inspiration, Manifestation und Kreativität. Alles ist auf dieser Seite möglich. Fülle sie und nutze deine niedergeschriebenen Worte als Wegweiser auf deiner Jahresreise zu dir selbst!

September-Magie

30 Tage | Übergang & Wandel

Wiederkehrende Rituale für deinen magischen Monat

Rauhnacht im vergangenen Jahr: 9. Rauhnacht
Wiederkehrende Rituale: Meditation, Date mit dir selbst, 13. Wunsch, Monatsmeilenstein, Monatsreflexion, Vision Board, Rauhnacht-Notizen
Positive Affirmation:

In jedem Übergang entdecke ich neue Möglichkeiten
und Chancen für mein Leben.

Der September ist die Zeit des leisen Überganges vom Sommer in den Herbst. Die Sonne strahlt noch golden am Himmel, aber es ist spürbar, dass sie bereits viel an Kraft verloren hat. Die Farben leuchten, doch auch erste Blätter fallen von den Bäumen herab, Frühnebelschleier wabern über das Land und Zugvögel sammeln sich, um die Reise in den Süden anzutreten. Viele Zeichen kündigen an, dass bald die stille Zeit des Winters und des Rückzuges anbricht. Noch ist Zeit, nachzubessern und die Wünsche und Träume in den Fokus zu rücken.

Inspirationsfragen

Was hast du aus dem Blick verloren?
Was möchtest du vollenden, damit du mit deinem Jahr
voll und ganz zufrieden sein kannst?
Spürst du noch deine innere Mitte
oder hast du dich von deiner Balance entfernt?
Wie oft und wie intensiv hörst du deiner inneren Stimme zu?

Meditation (ca. 10 min)

Du findest Beispiele für die Ein- und Ausleitung deiner Meditation im ersten Buchabschnitt.

Stell dir nun vor, in deiner Mitte befindet sich eine leuchtende Kugel aus Licht. Dieses Licht ist dein Zentrum, der Ort deiner inneren Balance. Es strahlt Ruhe und Frieden aus, erfüllt dich mit Wärme und Harmonie. Hier ist dein Herzensglück zu Hause. Vielleicht gibst du diesem Licht auch ganz intuitiv eine Farbe – eine Farbe, die im August entstanden ist. Bedanke dich bei deinem August für alles, was er für dich bereitgehalten hat.

Nun fließen dein Licht und deine Farbe bis hinüber in den September und begrüßen mit dir zusammen diesen Monat des sanften Überganges. Während eines Überganges kann es auch einmal ganz schön ruckelig und wackelig werden. Deshalb darf dir dein Licht und deine Farbe helfen, deine innere Balance zu finden und dein Glück zu stärken.

Mit jedem Atemzug, den du nimmst, wird dieses Licht heller und stärker und deine Farbe intensiver. Beides breitet sich langsam in deinem ganzen Körper aus. Spüre, wie jede Zelle durchdrungen wird und dir ein Gefühl tiefer Ausgeglichenheit und Ruhe schenkt.

Verweile einige Momente in diesem Zustand der inneren Balance. Atme tief ein und aus. Wenn Gedanken kommen, lass sie einfach weiterziehen und kehre zu deinem Atem und dem strahlenden Licht zurück.

Manifestation und Kreativität (ca. 40 min)

Viele Menschen feiern „das Bergfest" am Mittwoch, „endlich Wochenende" am Freitag und betrauern am „Gloomy Monday" die Rückkehr zum Alltag. Nur wenige verbinden mit dem Alltag etwas Positives. Sogar der Duden beschreibt es als wenig charmant „tägliche Einerlei". Doch man kann auch schöne Momente im tristen Alltag finden, die Herausforderung dabei ist nur, sie wahrzunehmen. Um mehr Achtsamkeit zu erlangen und auch die kleinen Dinge, die glücklich machen, jeden Tag bewusst wahrzunehmen, kannst du einen Glücksfänger basteln und so dein Glück einfangen und konservieren.

Sammle dafür bei deinem nächsten Spaziergang einen besonderen Stock, den du als Basiselement verwendest. Nimm Bänder oder Wollfäden und knote diese an deinem Stock fest. Sie können unterschiedliche Längen haben. An diese Bänder kannst du deine beschrifteten Zettel mit deinen persönlichen Glücksmomenten hängen. Lasse dafür den Tag Revue passieren und überlege dir jeden Abend einen glücklichen Moment, den du erlebt hast. Gib dabei deinem Glück einen Namen und frage dich, wie es zu dieser Situation gekommen ist. Schreibe dann ein prägnantes Wort auf einen Zettel. Befestige diesen an deinem Glücksfänger und erfreue dich daran, wie er mit der Zeit immer mehr von deinem Glück konserviert. Verwende gerne noch andere Dekogegenstände wie Perlen oder Federn. Deiner Kreativität sind keine Grenzen gesetzt. Hänge den Stock an eine sichtbare Stelle in deinem zu Hause auf. So machst du anschaulich, dass schon viel in deinem Leben ist, das dir guttut und dich zufrieden und glücklich macht.

Magische September-Routine

Auch im Übergang und Wandel, wenn es manchmal unbeständig im Leben ist, kannst du durch eine kleine Routine Glück bewusst in dein Leben holen. Denn wusstest du, dass in unserem Gehirn die gleichen Regionen aktiv sind, wenn du in einer Hängematte am Strand liegst oder es dir lediglich vorstellst? Unser Gehirn unterscheidet nicht zwischen Realität und Fiktion und genau das kannst du dir zugute machen. Natürlich unterscheidet es sich in der Intensität, aber es kommt auch darauf an, wie sehr du dich auf das Gefühl einlassen kannst. Beschreibe also deine Glücksmomente so genau wie möglich. Diese kleine Glücks-Routine kannst du an dein tägliches Zähneputzen anhängen. Wenn du deinen Moment gefunden und beschrieben hast, bleibe in diesem Gefühl und schaue dich im Spiegel an. Lächle dir eine Minute zu. Denn auch durch das Lächeln werden Gehirnareale aktiviert, die dafür zuständig sind, dass in deinem Körper Hormone ausgeschüttet werden, die glücklich machen. Eine körpereigene Produktion von Glücksstoffen. Achtung: Echte Suchtgefahr! Für jeden Tag, an dem du deine Spiegel-Glücks-Routine durchführst, kannst du einen Smiley in deinem Kalender vergeben und dich für dein Glück feiern.

Woche 1	☺ ☺ ☺ ☺ ☺ ☺ ☺
Woche 2	☺ ☺ ☺ ☺ ☺ ☺ ☺
Woche 3	☺ ☺ ☺ ☺ ☺ ☺ ☺
Woche 4	☺ ☺ ☺ ☺ ☺ ☺ ☺
Woche 5	☺ ☺

Deine Dates für mehr September-Magie

- 21. September – Internationaler Tag des Friedens – Was kannst du heute tun, um deine Welt ein bisschen friedlicher zu machen?
- 22. September – Herbst-Tag-und-Nacht-Gleiche (Mabon)

MONATSAUSBLICK

Journal

Monat: ....

✦ Mein Monats-Meilenstein ist:

....

....

....

✦ Mein Monats-Date mit mir ist:

....

....

....

✦ Mein Vision Board-Fokus in diesem Monat ist:

....

....

✦ Das tue ich für die Erfüllung meines 13. Wunsches:

....

....

Meine Monats-Affirmation ist:

....

....

....

Schlaf	★★★★★★★★★★
Emotionen	★★★★★★★★★★
Fitness	★★★★★★★★★★
Ernährung	★★★★★★★★★★
Verbindungen	★★★★★★★★★★
Gesundheit	★★★★★★★★★★
Wohlbefinden	★★★★★★★★★★
___________	★★★★★★★★★★
___________	★★★★★★★★★★

MONATSREFLEXION

Journal

Monat: ....

Monatsbewertung: ✧ ✧ ✧ ✧ ✧ ✧ ✧ ✧ ✧ ✧

✦ Meine schönsten Momente:

....

....

....

....

✦ Meine Herausforderungen:

....

....

....

....

✦ Meine größten Erfolge:

....

....

....

....

✦ Dafür bin ich dankbar:

....

....

....

....

Meine Erkenntnisse und Learnings:

....

....

Mein Wort des Monats:

....

Dein Platz nur für dich

Innehalten und Reflektieren hat eine ganz besondere Kraft. Deshalb ist hier viel Platz für: Check-in, Journal, Orakel, Traum, Affirmation, Meditation, Gedanken, Fragen zur Inspiration, Manifestation und Kreativität. Alles ist auf dieser Seite möglich. Fülle sie und nutze deine niedergeschriebenen Worte als Wegweiser auf deiner Jahresreise zu dir selbst!

Oktober-Magie

31 Tage | Wertschätzung & Rückzug

Wiederkehrende Rituale für deinen magischen Monat

Rauhnacht im vergangenen Jahr: 10. Rauhnacht
Wiederkehrende Rituale: Meditation, Date mit dir selbst, 13. Wunsch, Monatsmeilenstein, Monatsreflexion, Vision Board, Rauhnacht-Notizen
Positive Affirmation:

In meinem Rückzug entdecke ich
tiefe Wertschätzung für das, was ist.

Der zehnte Monat des Jahres zeigt sich in seiner ganzen Pracht, bevor seine Farben im November allmählich verblassen. Doch er ist nicht nur der goldene Oktober mit kräftigen roten, orangenen und gelben Tönen, er ist auch der Monat des Rückzugs und des Sterbens. Um gut über den Winter zu kommen, fallen die Blätter von den Bäumen und langsam zieht sich alles unter die Erde zurück. Die Tage werden kürzer, dunkler und kühler. Mit Kerzenschein und ruhigen Momenten kannst du es dir gemütlich machen und in deiner inneren Einkehr tiefe Dankbarkeit finden.

Inspirationsfragen

Welche kleinen Dinge im Alltag bringen dir Freude und Dankbarkeit?
Was lernst du über dich selbst, wenn du dich in Zeiten des Rückzugs auf deine inneren Gedanken und Gefühle konzentrierst?
Auf welche Weise kannst du täglich mehr Dankbarkeit in dein Leben integrieren?
Was möchtest du im Oktober erleben?

Meditation (ca. 8 min)

Du findest Beispiele für die Ein- und Ausleitung deiner Meditation im ersten Buchabschnitt.

In diesem achtsamen Moment darfst du noch einmal auf den September blicken. Vielleicht verbindest du mit den vergangenen Wochen Sätze wie: „Es ist genug da. Es ist gesorgt. Ich darf entspannen. Ich bin sicher." Dann blicke wohlwollend auf die letzten 30 Tage zurück und nimm diese Erkenntnis mit in deinen goldenen Oktober hinein.

Vielleicht empfindest du in diesem Moment ein tiefes Gefühl der Wertschätzung dem Leben gegenüber, deinem Leben. So viel Positives ist bereits da. Und auch in herausfordernden Zeiten, kannst du so das Gute sehen. Du hast eine Entscheidung getroffen, eine Entscheidung für dich und dein Glück. Spüre einen Augenblick lang nach und genieße, dass du dankbar sein kannst.

Nun kannst du den Oktober liebevoll willkommen heißen. Du nimmst dir die Zeit, um noch einmal die farbenprächtige Natur zu genießen und bist dir gleichzeitig bewusst, dass nun die Zeit der inneren Einkehr und des Rückzugs gekommen ist. Das Licht des Kerzenscheins lädt dich zur Einkehr und Innenschau ein und du gibst dir hier und heute das Versprechen, dass du dir für deine Dankbarkeitspraxis im Oktober Zeit nehmen wirst.

Manifestation und Kreativität (ca. 30 min)

Das Legen von Mandalas ist wertvoll, da es eine meditative Prozess ist, der dir hilft, den Geist zu beruhigen und Stress abzubauen. Es fördert die Konzentration und Achtsamkeit, da man sich auf die Symmetrie und das Muster des Mandalas konzentriert. Diese kreative Tätigkeit ermöglicht es, innere Ruhe zu finden und eine tiefe Verbindung zu sich selbst herzustellen. Zudem unterstützt das Mandala-Legen den Ausdruck von Emotionen und die Verarbeitung von Gedanken auf eine visuelle und symbolische Weise. Schließlich stärkt es das Gefühl der Vollendung und Zufriedenheit, wenn das Mandala fertiggestellt ist, was positive Energie und innere Ausgeglichenheit fördern kann.

Sammele doch einmal farbenprächtige Herbstblätter und lege sie zu einem Mandala. Schätze wie Eicheln, Kastanien, Beeren und Stöcke können natürlich ebenfalls verwendet und mit einbezogen werden.

Blättere zu deinen Notizen aus der 10. Rauhnacht zurück und sage dir im Geiste eine Affirmation rund um das Thema Dankbarkeit bei deinem Legeprozess des Mandalas auf. Die Farben und dein positiver Satz werden so umso mehr in deiner Erinnerung bleiben.
Beides kann dir im November, wenn alles grau und trüb ist, Kraft und Energie schenken.

Deine Dates für mehr Oktober-Magie

- 25. Oktober – Internationaler Weltnudeltag – Du isst gerne Pasta? Dann zaubere dir heute ein leckeres Gericht, das du achtsam genießt.
- 31. Oktober – Samhain

Magische Oktober-Routine

Eine tägliche Dankbarkeitspraxis hat eine transformative Wirkung auf das Wohlbefinden, da sie den Fokus auf die positiven Aspekte des Lebens lenkt und dadurch die Stimmung hebt. Sie fördert eine optimistischere Sichtweise und hilft, Stress und negative Emotionen zu reduzieren, indem man sich bewusst auf das Gute konzentriert. Diese Praxis stärkt die psychische Resilienz, da sie ein Gefühl der Zufriedenheit und inneren Fülle erzeugt, selbst in herausfordernden Zeiten. Letztlich führt eine tägliche Dankbarkeitspraxis zu einem tieferen Empfinden von Glück und Zufriedenheit, da man sich immer wieder bewusst macht, wie viel Gutes im Leben vorhanden ist.

Führe am Morgen ein Dankbarkeits-Ritual durch und frage dich, worauf du dich heute freust.

Am Abend kannst du ein Dankbarkeits-Tagebuch führen: Schreibe auf, wofür du in deinem Leben dankbar bist und was am Tag gut geklappt hat. So startest du positiv in den Tag und beendest ihn in gleicher Weise. Sammle über den Oktober viele schöne Momente und blicke immer wieder auf deine Notizen, um mehr Glück und Zufriedenheit in dein Leben zu holen.

Gratitude

Dankbarkeit

Gratitude

Gratidão

Gratitud

şükran

MONATSAUSBLICK

Journal

Monat: ....

✦ Mein Monats-Meilenstein ist:

....
....
....

✦ Mein Monats-Date mit mir ist:

....
....
....

✦ Mein Vision Board-Fokus in diesem Monat ist:

....
....

✦ Das tue ich für die Erfüllung meines 13. Wunsches:

....
....

Meine Monats-Affirmation ist:

....
....
....

Schlaf	★★★★★★★★★★
Emotionen	★★★★★★★★★★
Fitness	★★★★★★★★★★
Ernährung	★★★★★★★★★★
Verbindungen	★★★★★★★★★★
Gesundheit	★★★★★★★★★★
Wohlbefinden	★★★★★★★★★★
____________	★★★★★★★★★★
____________	★★★★★★★★★★

MONATSREFLEXION

Journal

Monat: ....

Monatsbewertung: ✧✧✧✧✧✧✧✧✧✧

✦ Meine schönsten Momente:

✦ Meine Herausforderungen:

✦ Meine größten Erfolge:

✦ Dafür bin ich dankbar:

Meine Erkenntnisse und Learnings:

Mein Wort des Monats:

Dein Platz nur für dich

Innehalten und Reflektieren hat eine ganz besondere Kraft. Deshalb ist hier viel Platz für: Check-in, Journal, Orakel, Traum, Affirmation, Meditation, Gedanken, Fragen zur Inspiration, Manifestation und Kreativität. Alles ist auf dieser Seite möglich. Fülle sie und nutze deine niedergeschriebenen Worte als Wegweiser auf deiner Jahresreise zu dir selbst!

November-Magie

30 Tage | Loslassen & Vergänglichkeit

Wiederkehrende Rituale für deinen magischen Monat

Rauhnacht im vergangenen Jahr: 11. Rauhnacht
Wiederkehrende Rituale: Meditation, Date mit dir selbst, 13. Wunsch, Monatsmeilenstein, Monatsreflexion, Vision Board, Rauhnacht-Notizen
Positive Affirmation:

Ich lasse los, was mir nicht mehr dient,
und öffne mich für Neues.

Der November ist da und mit ihm legt sich die Dunkelheit über das Leben. Es ist die Zeit des Einkuschelns, des Rückzugs vom hektischen Außenleben und auch der Vergänglichkeit. All das kann man ebenfalls in der Natur beobachten. Emotional kann dieser Monat durchaus herausfordernd sein, da er sich viel mit dem Loslassen und dem Abschied nehmen beschäftigt. Durch die Dunkelheit sind auch die Schattenseiten unseres Lebens und unserer zwischenmenschlichen Beziehungen deutlicher spürbar und auch du schaust vielleicht kritisch auf das, was dich umgibt. Auch melancholische Stimmungen sind typisch für den November. Sorge für ausreichend Lichtblicke und Gemütlichkeit mit Kerzenschein, Zimtduft und wärmenden Fußbädern.

Inspirationsfragen

Welches Versprechen hast du dir in der 11. Rauhnacht gegeben?
Was gibt es dafür noch zu tun, um es umzusetzen?
Wovon möchtest du dich verabschieden?
Was möchtest du loslassen?
Trägst du Ballast, der nicht dir gehört und wie kannst du ihn abwerfen?
Wie kannst du selbst die Dunkelheit, die Stille und das Abschiednehmen so für dich gestalten, dass du es als kraftvoll empfindest?

Meditation (ca. 6 min)

Du findest Beispiele für die Ein- und Ausleitung deiner Meditation im ersten Buchabschnitt.

Besinne dich noch einen Augenblick lang auf den Monat, der nun vergangen ist. War der Oktober ein guter Monat für dich? Verabschiede dich in Gedanken von ihm und stimme dich dann auf den November, den Monat des Loslassens und der Vergänglichkeit, ein.

Mache dir einmal bewusst, dass Loslassen kein Scheitern ist. Egal ob es um Träume, Menschen oder Gefühle geht, dein Loslassen steht für eine Entwicklung, die dich weiterbringt, denn du löst dich aus alten Strukturen heraus. Wer am Alten festhält, hat keinen Platz für Neues. Es mag auch schmerzhaft sein, durch diesen Prozess zu gehen, aber so bedeutet Loslassen vor allem eines: eine Chance für den Neubeginn. Vielleicht muss etwas erst sterben, damit etwas Neues entstehen kann.

Erinnere dich an die Baumhaltung aus der 11. Rauhnacht. So fest war dein Stand, so spürbar deine Balance und dein Fundament. Du wirst von dir selbst getragen und du gibst dir die nötige Stabilität in Zeiten des Umbruchs. Begrüße den November mit seiner Dunkelheit und Tristesse und nimm an, was sich dir durch ihn zeigt. Du hast den Mut und die Kraft, um wirklich loszugehen. Spüre einen Moment lang achtsam nach.

Manifestation und Kreativität (ca. 10 min)

Welches Versprechen hast du dir in der 11. Rauhnacht selbst geben?
Was gibt es dafür noch zu tun, um es umzusetzen?

Richte dir einen Ort ein, an den du jeden Tag im November wiederkehren kannst. Stelle hier eine Kerze auf und sorge so für eine besonders warme Atmosphäre. Kerzen vereinigen alle Elemente in sich. Innerhalb der Flamme das Feuer, die Luft, die sie am Leben erhält, das geschmolzene Wachs, das das Wasser darstellt und das feste Wachs, das die Erde repräsentiert. Nimm dir einen Moment der meditativen Ruhe und blick in die Flamme. Beobachte sie mit dem Gedanken an dein Versprechen aus der 11. Rauhnacht, etwas, das du loslassen möchtest, oder eine Vision, die in dir für Neues steht. Lasse dir ausreichend Zeit und beobachte, was diese Kerzenmeditation mit dir macht. Puste die Kerze danach bitte nicht aus, denn dann pustest du auch symbolisch gesehen deine Vision weg. Lösche die Flamme gerne mit deinen Fingern oder einem Werkzeug.

Deine Dates für mehr November-Magie

- 10. November – Internationaler Tag der Wissenschaft – Mache es dir zur Aufgabe, heute etwas Neues zu lernen.

Magische November-Routine

Wenn du noch 1 Jahr zu leben hättest...
Du weißt nicht, wie viel Zeit du noch haben wirst. Es bleibt lediglich die Gewissheit darüber, wie viel Zeit du schon gelebt hast. Auch wenn es schmerzt und du die eigene Sterblichkeit vielleicht oft verdrängst, lohnt es sich, darüber nachzudenken. Nutze diese Gedanken und lass sie zu deiner November-Routine werden. Tue verbindlich jeden Tag eine Sache, die eine tiefere Verbindung zu deinen inneren Werten herzustellen vermag und die dich inspiriert, ein erfüllteres Leben zu führen, das im Einklang mit deinen Prioritäten steht. Erinnere dich dafür auch an die Meditation aus der 11. Rauhnacht und deine Lebenstreppe und nutze die folgende Übung.

Die eigene Endlichkeit

Visualisierung des letzten Jahres: Schließe die Augen und stelle dir vor, du hättest nur noch ein Jahr zu leben. Was würdest du in diesem Jahr tun? Wo würdest du Zeit verbringen? Mit wem?

Prioritäten setzen: Mache dir bewusst, was dir wirklich wichtig ist. Was möchtest du in diesem letzten Jahr noch erleben, erreichen oder verändern?

Ziele und Werte: Überlege dir, welche Werte und Prinzipien dir am meisten bedeuten. Wie möchtest du in Erinnerung bleiben? Was soll über dich gesagt werden, wenn du nicht mehr da bist?

Aktionsplan: Schreibe auf, welche konkreten Schritte du unternehmen könntest, um deine Prioritäten und Werte im täglichen Leben stärker zu berücksichtigen. Was kannst du heute tun, um deinem idealen Lebensstil näher zu kommen?
Lass dies zu deiner täglichen Routine für den November werden und setzte jeden Tag etwas von diesen konkreten Schritten um.

Reflektion und Integration: Nimm dir regelmäßig Zeit, um deine Fortschritte zu reflektieren und anzupassen.

Notiere dir deinen Aktionsplan

MONATSAUSBLICK

Journal

Monat: ....

✦ Mein Monats-Meilenstein ist:

....

....

....

✦ Mein Monats-Date mit mir ist:

....

....

....

✦ Mein Vision Board-Fokus in diesem Monat ist:

....

....

✦ Das tue ich für die Erfüllung meines 13. Wunsches:

....

....

Meine Monats-Affirmation ist:

....

....

....

Schlaf	★★★★★★★★★★
Emotionen	★★★★★★★★★★
Fitness	★★★★★★★★★★
Ernährung	★★★★★★★★★★
Verbindungen	★★★★★★★★★★
Gesundheit	★★★★★★★★★★
Wohlbefinden	★★★★★★★★★★
___________	★★★★★★★★★★
___________	★★★★★★★★★★

MONATSREFLEXION

Journal

Monat: ....

Monatsbewertung: ✧✧✧✧✧✧✧✧✧✧

✦ Meine schönsten Momente:

✦ Meine Herausforderungen:

✦ Meine größten Erfolge:

✦ Dafür bin ich dankbar:

Meine Erkenntnisse und Learnings:

Mein Wort des Monats:

Dein Platz nur für dich

Innehalten und Reflektieren hat eine ganz besondere Kraft. Deshalb ist hier viel Platz für: Check-in, Journal, Orakel, Traum, Affirmation, Meditation, Gedanken, Fragen zur Inspiration, Manifestation und Kreativität. Alles ist auf dieser Seite möglich. Fülle sie und nutze deine niedergeschriebenen Worte als Wegweiser auf deiner Jahresreise zu dir selbst!

Dezember-Magie

31 Tage | Integration & Stille

Wiederkehrende Rituale für deinen magischen Monat

Rauhnacht im vergangenen Jahr: 12. Rauhnacht
Wiederkehrende Rituale: Meditation, Date mit dir selbst, 13. Wunsch, Monatsmeilenstein, Monatsreflexion, Vision Board, Rauhnacht-Notizen
Positive Affirmation:

Ich finde Frieden in dem Wissen,
dass alles seine Zeit hat und sich fügen wird.

Dezember. Fast ein ganzes Jahr liegt nun bereits hinter dir und nun wartet der 12. Monat auf dich. Willkommen! Im November stehen der Abschied und das Loslassen im Vordergrund, der Januar präsentiert sich im Glanz neuer Visionen. Doch was ist der Dezember? Dieser Monat steht ein bisschen „zwischen den Stühlen". Seine Magie ist auf bereits bestehende Projekte und Beziehungen konzentriert. Gleichzeitig werden Pläne für den Januar geschmiedet. Doch die Stille des Dezembers ist allgegenwärtig und kann dir Kraft und Klarheit schenken und für Integration stehen. Es ist okay, einen Gang runter zu schalten, denn Winter bedeutet auch Atempause.

Inspirationsfragen

Wie ist es, ein erfülltes Leben zu führen?
Was hast du in den letzten Monaten dafür getan?
Was hat dich bisher positiv überrascht?
Welche weiteren Wunder und Wünsche dürfen zu dir kommen?
Gibt es Themen, die sich dir immer wieder zeigen?
Was wollen sie dir sagen?

Meditation (ca. 12 min)

Du findest Beispiele für die Ein- und Ausleitung deiner Meditation im ersten Buchabschnitt.

Du bist ein Geschenk! Vielleicht das schönste Geschenk, dass du dir selbst jemals machen kannst. Du bist auf eine Reise gegangen, auf eine ganze Jahresreise. 31. Tage liegen nun noch vor dir und der Dezember zeigt sich in all seiner Pracht und in seiner ganzen Gemütlichkeit.

Deine ganzen Erfahrungen aus dem vergangenen Jahr kommen nun zusammen und bilden ein großes Ganzes. Welche Erkenntnisse hast du gewonnen? Welche Entscheidungen hast du getroffen? War es ein gutes Jahr bis hier her? Denke an deinen Berg zurück und an deine Etappen und daran, welcher Weg nun schon hinter dir liegt.

Betrachte mit mildem Blick, was da noch ist. Nicht alles kann immer sofort erledigt werden. Manche Dinge brauchen Erfahrung, lassen sich erst in einem gewissen Lebensabschnitt lösen oder werden dich immer begleiten.

Das ist das Leben. Lasse ein Gefühl der Akzeptanz in dir entstehen und nähre es mit der Gewissheit, dass alles seine Zeit hat!

Sei stolz auf dich. Schätze dich wert. Für all die Schritte, die du gegangen bist und auch für all die Schritte, die du noch nicht gegangen bist und noch tun wirst.

Tritt einen Schritt zurück und beobachte dich selbst. Wie möchtest du im Dezember leben? Wer möchtest du sein? Wenn du Weihnachten feierst, wie möchtest du diese Zeit begehen? Lasse ein Bild vor deinem inneren Auge entstehen und male es so detailverliebt wie möglich. Du schreibst dein Drehbuch, jetzt, hier und heute! Nimm es mit in deinen Dezember und fertige deinen Film an!

Manifestation und Kreativität (ca. 25 min)

Wie wäre es, wenn du dieses Jahr eine Dezemberspirale anfertigst? Aus einfachem Salzteig kannst du eine Spirale formen und 31 Mulden eindrücken, in die du für jeden Tag eine Kerze setzt. Die Spirale symbolisiert Kontinuität und Zyklen wie Geburt und Tod, die Jahreszeiten oder die Bewegung des Wassers. Dieses uralte, heilige Motiv findet sich in vielen Kulturen und in der Natur, etwa in Muscheln und Schnecken. Als Symbol steht die Spirale für die Unendlichkeit der Bewegung und den Weg vom Außen ins Innen. Schaffe so eine Atmosphäre von Besinnlichkeit, Ruhe und Wärme mit einem strahlenden Mittelpunkt. So kannst du das Licht im dunklen Dezember um dich versammeln. Lass es gleichzeitig dein Licht werden. Besinne dich auf deinen Weg und die Entscheidungen, die du für dich triffst.

Deine Dates für mehr Dezember-Magie

- 5. Dezember – Internationaler Tag des Ehrenamtes – Mache heute etwas ganz umsonst und für die Allgemeinheit, einfach so.
- 21. oder 22. Dezember – Wintersonnenwende (Yule)

Magische Dezember-Routine

Solltest du Weihnachten feiern, kann es im Dezember ganz schön hektisch und trubelig zugehen. Während all der Vorbereitungen kannst du ein besonderes Augenmerk darauf legen, milde zu dir selbst sein. Erlaube dir immer wieder Pausen und sorge gut für dich. Dabei hilft dir auch deine tägliche Dezember-Routine, die ganz, ganz leicht geht. Praktischerweise kannst du sie einfach nach deinem täglichen Zähneputzen am Morgen fest in deinen Tagesablauf integrieren.

Hänge dafür einen Zettel an deinen Spiegel und lege einen Stift bereit. Betrachte dich nun jeden Tag mindestens drei Minuten im Spiegel. Sieh dir dabei tief in die Augen. Blicke in dein Herz und damit in deine Seele. Nimm Kontakt zu deinen Bedürfnissen auf. Was brauchst du, um gut für dich zu sorgen? Welchen Dialog führst du über dich selbst? Kannst du dich ansehen, ohne dich negativ zu bewerten? Findest du eine Sache, die du an dir wertschätzt? Welche Gefühle nimmst du wahr? Notiere einen guten Gedanken auf deinem Spiegelzettel. Abschließend schaust du dich noch einmal an und schenkst dir selbst ein atemberaubendes Lächeln. Lies dir jeden Tag am Abend erneut die Liste durch und erfreue dich daran, wie sie im Laufe des Dezembers wächst.

Notiere dir deine Spiegelzettel-Gedanken

MONATSAUSBLICK

Journal

Monat: ....

✦ Mein Monats-Meilenstein ist:

....

....

....

✦ Mein Monats-Date mit mir ist:

....

....

....

✦ Mein Vision Board-Fokus in diesem Monat ist:

....

....

✦ Das tue ich für die Erfüllung meines 13. Wunsches:

....

....

Meine Monats-Affirmation ist:

....

....

....

Schlaf	☆☆☆☆☆☆☆☆☆☆
Emotionen	☆☆☆☆☆☆☆☆☆☆
Fitness	☆☆☆☆☆☆☆☆☆☆
Ernährung	☆☆☆☆☆☆☆☆☆☆
Verbindungen	☆☆☆☆☆☆☆☆☆☆
Gesundheit	☆☆☆☆☆☆☆☆☆☆
Wohlbefinden	☆☆☆☆☆☆☆☆☆☆
____________	☆☆☆☆☆☆☆☆☆☆
____________	☆☆☆☆☆☆☆☆☆☆

MONATSREFLEXION

Journal

Monat: ....

Monatsbewertung: ✧✧✧✧✧✧✧✧✧✧

✦ Meine schönsten Momente:

....

....

....

....

✦ Meine Herausforderungen:

....

....

....

....

✦ Meine größten Erfolge:

....

....

....

....

✦ Dafür bin ich dankbar:

....

....

....

....

Meine Erkenntnisse und Learnings:

....

....

Mein Wort des Monats:

....

Dein Platz nur für dich

Innehalten und Reflektieren hat eine ganz besondere Kraft. Deshalb ist hier viel Platz für: Check-in, Journal, Orakel, Traum, Affirmation, Meditation, Gedanken, Fragen zur Inspiration, Manifestation und Kreativität. Alles ist auf dieser Seite möglich. Fülle sie und nutze deine niedergeschriebenen Worte als Wegweiser auf deiner Jahresreise zu dir selbst!

Dein Platz für Extra-Magie

Du brauchst noch mehr Raum für deinen Gedanken? Nicht alles ist immer sofort greifbar. Deshalb kannst du diese Seiten nutzen, falls du noch etwas aufschreiben möchtest, um es nicht zu vergessen, was dir im Laufe deiner Reise in den Sinn kommt. Auch einkleben ist erlaubt, falls du ein Erlebnis hattest und eine Erinnerung verewigen möchtest. Dein Platz nur für dich!

Abschluss

Die Rauhnächte und ein ganzes Jahr, in dem du nach ihnen gelebt hast, liegen nun hinter dir. Eine intensive Zeit, in der sich dir hoffentlich einiges offenbart hat und kleinere und größere Veränderungen passiert sind. Vielleicht bist du dir und dem Leben, das du wirklich führen möchtest, noch nie so nahe gekommen. Mag sein, dass es auch Anstrengungen von dir gebraucht hat und vielleicht hast du das ein oder andere Mal auch deinen Fokus nicht halten können. Aber das alles spielt im Grunde genommen keine Rolle, solange du glücklich bist. Wenn du möchtest, dann kannst du dir Zeit nehmen, um einmal Bilanz zu ziehen. Sieh dir dafür deine Notizen noch einmal an und lasse ganz präsent werden, was du nun denkst und fühlst. Du bist ein Jahr lang auf einer Reise gewesen – einer Reise zu dir selbst.

Ich wünsche mir von Herzen, dass dir dieses Buch so manche magischen Momente geschenkt hat und es dich ein Stückchen auf deinem Weg begleiten konnte. Ich bin sehr gespannt, wie du das Jahr erlebt hast und freue mich, wenn du mir deine Geschichte erzählst. In Kontakt zu sein, ist für mich sehr wichtig und die Freude über einen Austausch immer riesig. Folge mir daher gerne auf Instagram @katrin_michel_ oder auf @gebaermuetter. Natürlich kannst du auch auf meinen Websites noch viel über mich und mein Wirken erfahren. Schau einfach auf www.kamija.de oder www.gebaermuetter.de vorbei.

Falls du meine Arbeit gut findest und noch mehr erfahren und lernen möchtest, dann schau doch mal auf www.gebaermuetter.de/fortbildungen nach. Hier erfährst du alles über die Teacher Trainings, die ich unter anderem gebe.

Wenn du noch Fragen oder Feedback für mich hast, freue ich mich über deine E-Mail an kamija.pregna@gmail.com.

Herzensgrüße an dich
Deine Katrin

Dank

Ein Buch schreibt man nicht alleine.

Deshalb gilt mein tiefer Dank meiner Familie. Ihr seid mein Fels in der Brandung.
Ohne euch gäbe es kein Buch von mir.

Danke an meine liebsten Freundinnen, die mich auf meinem Weg begleiten, immer
ein offenes Ohr haben und mich durch Tiefen bis hinauf zu den Höhen tragen.
Was würde ich ohne euch machen?

Tausend Dank an Norda Tebbe. Ich glaube schon lange nicht mehr an Zufälle,
deshalb sollten sich wohl unsere Wege kreuzen
Du machst dieses Buch zu etwas ganz Besonderem.

Danke an Doro und Inken. Ihr seid wahre Schätze!

Dieses Buch hat die wunderbarsten Patinnen.
Danke an jede einzelne von euch!
Stefanie Weyrauch – Buchautorin und Gründerin von Yogastern – @yogastern
Katharina Rainer–Trawöger – Buchautorin und Yogalehrerin – @yogasophin
Jeannine Mik – Bestseller Autorin und Somatische Trainerin – @miniand.me
Melissa Gein – Achtsamkeits- und Yogalehrerin – @achtsamkeitshalber.de
Romy Winter – Buchautorin, Systemische Paar– und Familientherapeutin,
Gründerin Familienz Konzept – @slowmothering
Jenny Siering – Energetic Life–Coach – @jenny.siering
Miriam – Bloggerin – @miriamtheresa.yoga
Patricia Bargenda – Herausgeberin von The Mothering Journey Magazin –
@themotheringjourney

Und natürlich gilt auch mein ganzer Dank euch, treue Leserschaft.
Ich bin berührt, dass ihr euch auf den Weg macht
und bin so dankbar,
euch ein kleines Stück begleiten zu dürfen!

Über die Autorin

Katrin Michel, geboren 1983, studierte Biologie und arbeitete als Erzieherin. Heute ist sie Meditationscoach, Prenatal- und Hormonyogalehrerin sowie Hypnobirthing-Kursleiterin. Sie begleitet werdende Eltern auf dem Weg zur Geburt und unterstützt sie dabei, eine selbstbestimmte Geburtserfahrung zu machen. Katrin Michel ist Mitbegründerin des Netzwerks „Gebärmütter" für Schwangerschaft, Geburt, Familie und Frausein. Dort hat sie das eigene Hypnobirthing-Konzept „Vertrauensvolle Geburt" entwickelt und bietet zusätzlich Fortbildungen wie das Mother's Blessing Teacher Training und das Closing Ritual Teacher Training an. Sie teilt ihre jahrelange Erfahrung in der Ritualarbeit gerne und leitet regelmäßig Frauenkreise. Die Rauhnächte zelebriert sie seit 10 Jahren und organisiert jährlich einen traditionellen Kreis, der sich großer Beliebtheit erfreut. Sie lebt mit ihrem Mann und ihren drei Söhnen in Hamburg.

Von Katrin Michel sind erschienen:
„Momente für dich und dein Baby" – kamija-Verlag – Audio CDs
„Geburt, Wochenbett, Stillen, Mama sein" – kamija-Verlag – Audio CDs
„Mama werden, Mama sein" – kamija-Verlag – Buch
„Meditation für Mamas" – Kösel Verlag – Buch
„Bald bin ich da" – Kösel Verlag – Buch
„Alles Fussball" – kamija-Verlag – Kinderbuch

Romy Geßner

Mehr Informationen über die Autorin:
www.kamija.de | www.gebaermuetter.de
@katrin_michel_ | @gebaermuetter

Verbinde dich mit Katrin Michel und nutze die Buchvorteile

Katrin Michel bietet jeden Monat einen Monats-Magie-Circle an. Thematisch verabschiedest du den vergangenen Monat und richtest dich auf den Kommenden aus.
Informationen dazu findest du unter www.kamija.de/rauhnächte-circle

Zudem kannst du am Circle um die Jahreswende herum teilnehmen und dein Vision Board kreieren.
Informationen dazu findest du unter www.kamija.de/rauhnächte-circle

Außerdem kannst du die geführten Meditationen der Rauhnächte nutzen. Scanne dafür den unten stehenden QR-Code und lade dir die 13 Meditationen herunter.

Ergänzend dazu kannst du dir die jeweiligen Meditationen für die Monate im Shop kaufen. Weitere Informationen dazu findest du unter www.kamija.de/shop

Buche bei Katrin ein individuelles Closing Ritual. Hier kannst du dich bewusst von einem Lebensabschnitt verabschieden und einen Neuen willkommen heißen. Auch wenn du dein Jahr schließen möchtest und dein Herz für das Kommende öffnen möchtest, ist dieses Ritual das Richtige.
Informationen findest du unter www.gebaermuetter.de/closing-the-bones

Lass dich von Katrin fortbilden und besuche eines ihrer Teacher Trainings von den Gebärmüttern. Sie bietet Weiterbildungen rund um die Themen Hypnobirthing, Women Circle, Meditation und Closing Rituale an.
Weitere Informationen findest du unter www.gebaermuetter.de/akademie

Werde Mitglied in Katrins WhatsApp-Channel und erhalte wöchentliche Reminder mit Impulsen. Behalte so deine Raunachtsvision immer im Blick.

Meditationen Passwort: Rauhnacht24	Reflexionsvorlagen Passwort: Rauhnacht24	kamija Online-Shop

Bonus – Dein Magischer Channel

Verlierst du immer wieder deine Wünsche, Träume und Visionen aus den Rauhnächten aus dem Blick und lässt dich vom turbulenten Alltag überrollen? Fällt es dir schwer, positive Routinen dauerhaft in dein Leben zu integrieren? Damit bist du nicht allein. Doch das muss nicht so bleiben!

Nutze den kostenlosen Bonus dieses Buches und werde Teil des magischen WhatsApp-Channels. Dort erhältst du wöchentliche Impulse, die thematisch an die Rauhnächte und die jeweiligen Monate angepasst sind. Diese Impulse helfen dir, deinen Fokus zu bewahren und bieten dir wertvolle Anregungen für deine persönliche Weiterentwicklung. So bleibst du konsequent an deinen Zielen dran.

Dein wöchentlicher Reminder könnte so aussehen:

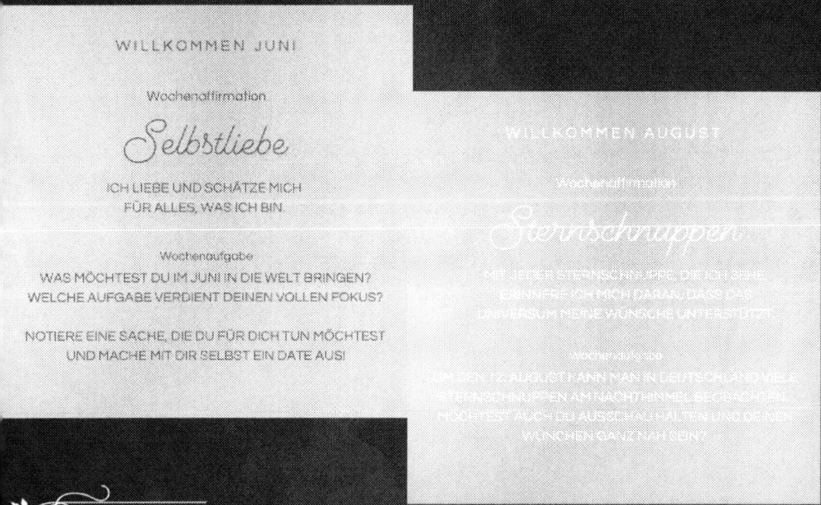

WhatApp-Channel

Scanne den QR-Code oder gib bei WhatsApp „Circle-Magie" ein und folge dem Channel. Vergiss nicht, die Glocke oben rechts zu aktivieren, damit dir die Impulse auch wirklich angezeigt werden!"

Bonus – Dein Monats-Circle

Möchtest du dich zu Beginn eines neuen Monats auf die frische Energie einstimmen und gleichzeitig dein Monats-Date verbindlich festlegen? Dann werde Teil des Circles! In einer kleinen, geschützten Gruppe erlebst du ein 30-minütiges Programm mit Meditation, Self-Care-Elementen und kleinen Übungen, das dich perfekt auf den kommenden Monat vorbereitet. So erhältst du eine zusätzliche Chance, deine Erkenntnisse aus den Rauhnächten konsequent umzusetzen.

Ein Feedback zum Circle:
„Erster Online-Frauenkreis bei Katrin miterlebt & rundum Wohltat genossen... 30 Minuten-Session kann was."

Monats-Magie
Der achtsame 30 Minuten Online-Circle

Jeden Monat wartet ein Circle auf dich. Sei beim Nächsten dabei und nimm deinen Platz ein! Scanne den Code und buche noch heute deinen Platz.

Monats-Magie

Absolute Herzensempfehlung

Du möchtest eine Yin Yoga Session abgestimmt auf die Rauhnächte machen? Dann sei bei Melissa Gein dabei und gönn dir z. B. in der 3. Rauhnacht deine Auszeit auf der Matte!

Yin Yoga Session

Dein Jahres-Ankerarmband

Das zauberhafte Armband aus Rosenquarz und Lapislazuli

Dieses zauberhafte Armband aus sanftem Rosenquarz und tiefblauem Lapislazuli wird dich auf deinem Weg begleiten und kann dein Anker sein!

Die 12 edlen Rosenquarz-Perlen stehen symbolisch für die 12 Monate des kommenden Jahres. Sie erinnern dich täglich daran, achtsam durch die 365 Tage zu gehen und stets in Verbindung mit deinem inneren Kern zu bleiben. Der Rosenquarz, als Stein der Liebe und des Vertrauens, schenkt dir die Kraft, ein Leben voller Herzenswärme und Selbstakzeptanz zu führen.

Ebenso 12 Mal eingearbeitet ist der mystische Lapislazuli, der dich an deine 12 Herzenswünsche erinnert, die du ans Universum übergeben hast. Er ermutigt dich, alte Gewohnheiten und Ängste loszulassen, stärkt deinen Optimismus und bringt dich in Einklang mit deiner Intuition. Dieser kraftvolle Stein hilft dir, Freundschaft mit dir selbst zu schließen und dich daran zu erinnern, dass alles zur richtigen Zeit in dein Leben tritt.

Im Armband symbolisieren vier vergoldete Kupferperlen die vier Jahreszeiten. Eine größere, vergoldete Perle steht für deinen 13. Wunsch und erinnert daran, dass er in Erfüllung gehen darf. Diese Perlen können sich im Laufe des Jahres verändern und zeigen, dass auch in deinem Leben Wandel und Bewegung ständige Begleiter sind. Alles ist ein Prozess und im Fluss.

Von Hand gefertigt und mit viel Liebe geknüpft – weil du es wert bist!

Dein kreativer Rauhnächte-Begleiter

Du träumst davon, deine Kreativität wieder zu entdecken und Stifte in die Hand zu nehmen? Mit „KREATIVE RAUHNÄCHTE - MANDALA WORKBOOK: Deine zauberhafte 15 Minuten- Auszeit zwischen den Jahren" kannst du deiner Fantasie freien Lauf lassen – ganz ohne Bewertung, nur für dich.

Jede Rauhnacht bietet dir die Möglichkeit, intuitiv Farben zu wählen und deine Stimmung in ein Bild zu verwandeln. Du kannst dabei die inspirierende Affirmation im Buch als Mantra leise oder laut wiederholen, um tiefer in den kreativen Prozess einzutauchen. Die Bilder, die du erschaffst, sind mehr als Kunst – sie sind Erinnerungen an deine inneren Gefühle und Momente der Selbstreflexion.

Dieses Buch bietet dir ein Mandala und ein Krafttier pro Rauhnacht, begleitet von passenden Affirmationen. Zusätzlich hast du Raum, deine Gedanken und Gefühle aufzuschreiben. Als besondere Ergänzung gibt es für jeden Monat des kommenden Jahres ein weiteres Mandala, um deine kreative Reise das ganze Jahr über fortzusetzen. Ein verlässlicher, kreativer Begleiter, der dich durch die magische Zeit der Rauhnächte und das gesamte Jahr unterstützt.

Ich lasse meiner Kreativität freien Lauf und vertraue darauf, dass alles, was ich erschaffe, besonders und wertvoll ist.

Dein Herz möchte wieder einmal malen und sich dabei frei entfalten? Dann scanne den QR-Code und hol dir den kreativen Begleiter für deine Rauhnächte.

Kreative Rauhnächte

1. RAUHNACHT

Meine *Wurzeln* geben mir Halt
und ich finde Stärke in meine *Basis*.

Printed in Germany
by Amazon Distribution
GmbH, Leipzig

34096453R00138